MEDICINA

¿Es negocio?

Dra. Ana García

2da Edición.

Ciudad de México. June de 2025.

Medicina ¿Es negocio? 2da Edición.

ISBN: 9798345153888 Amazon USA

Sello: Publicación independiente

©Ana García

Contacto: ganj9135@gmail.com

Redes sociales: IG, FB, YT @dra.anagar

"Si quieres ir rápido ve solo, si quieres llegar lejos, ve acompañado"

Dedicado a mis colegas, pacientes, amigos y alumnos médicos de pregrado del Hospital General de México Eduardo Liceaga.

A mi padre Joel y mi madre Ena que me dieron lo mejor de ellos y me enseñan cada día con su ejemplo. Mis amigos Eloísa Castellanos, Nancy Márquez, Leticia Páramo, Adriana De Urquijo y Sara Ximena Guerrero Escobar.

Índice

INTRODUCCIÓN

La búsqueda del origen es un tema que ha fascinado a la humanidad desde tiempos inmemoriales. Desde las primeras civilizaciones, los seres humanos han sentido la necesidad de entender de dónde vienen y cuál es el propósito de su existencia. Esta búsqueda no solo se limita a la exploración de nuestros antepasados biológicos, sino que también abarca el origen de nuestras ideas, creencias y valores. A medida que las sociedades se desarrollaron, surgieron diferentes narrativas sobre el origen del hombre, cada una reflejando las inquietudes y aspiraciones de su tiempo. Los mitos de creación son una de las formas más antiguas en que las culturas han intentado explicar su origen. Desde la Biblia en tradiciones judeocristianas hasta los relatos de los dioses en la mitología griega, estos relatos no solo describen el inicio del mundo, sino que también ofrecen una visión sobre el lugar del ser humano dentro de él. A través de estas historias, las comunidades han buscado dar sentido a su entorno y a su existencia, estableciendo un vínculo entre lo divino y lo humano. Así, el estudio de estos mitos se convierte en una herramienta esencial para entender cómo los pueblos han interpretado su origen y su lugar en el universo

La relación entre el pensamiento y la existencia es un tema fundamental en la exploración de la condición humana. Desde tiempos inmemoriales, el ser humano ha tratado de comprender su lugar en el universo, un esfuerzo que ha dado origen a diversas corrientes filosóficas y científicas. El pensamiento no solo permite la reflexión sobre nuestra propia existencia, sino que también influye en cómo interactuamos con el mundo que nos rodea. Esta conexión entre el pensamiento y la existencia se manifiesta en la forma en que interpretamos nuestra realidad y en cómo nuestras creencias y valores moldean nuestras acciones.

A lo largo de la historia, pensadores como Sócrates, Platón y Descartes han examinado el vínculo entre el pensamiento y la existencia. La famosa máxima "Pienso, luego existo" de Descartes encapsula la idea de que la capacidad de pensar es prueba irrefutable de nuestra existencia. Este concepto plantea un dilema interesante: si el pensamiento es el fundamento de nuestra existencia, ¿qué ocurre con aquellos que no pueden pensar en el sentido convencional, como los bebés o las personas en estado de coma? Esto nos lleva a cuestionar la naturaleza del pensamiento y su papel en la definición de lo que significa ser humano. La evolución del pensamiento humano también ha sido influenciada por factores culturales y sociales. Desde las primeras manifestaciones de la conciencia en nuestros ancestros hasta la complejidad del pensamiento moderno, la existencia humana ha estado marcada por un constante desarrollo de ideas y conceptos. Las religiones, las filosofías y las ciencias han servido como vehículos para explorar esta relación, ofreciendo diferentes perspectivas sobre el sentido de la vida y la naturaleza de la realidad. Así, el pensamiento se convierte en un espejo que refleja nuestras inquietudes y aspiraciones como especie.

El humanismo es un enfoque filosófico y cultural que pone al ser humano en el centro de su reflexión, enfatizando la dignidad, el valor y la capacidad de razonamiento del individuo. En el contexto de la medicina, el humanismo se traduce en una práctica que no solo busca curar enfermedades, sino también comprender al paciente en su totalidad, reconociendo su historia, emociones y contexto social. Esta perspectiva se opone a una visión meramente mecanicista de la salud, promoviendo en su lugar una relación empática y ética entre el médico y el paciente. Desde sus orígenes en el Renacimiento, el humanismo ha influido en diversas disciplinas, incluyendo la medicina. Los pensadores humanistas han abogado por el uso de la razón y la crítica para desafiar dogmas establecidos, lo que ha permitido un avance significativo en el conocimiento médico y en la práctica clínica. Esta tradición invita a los estudiantes de medicina a cuestionar no solo las técnicas y tratamientos, sino también el impacto que sus decisiones tienen en la vida de los pacientes. Así, el humanismo se convierte en un componente fundamental de la formación médica, integrando la ciencia con la ética y la compasión.

Esta filosofía, tiene como raíz la defensa del hombre como persona capaz de ejercer su libertad. En otras palabras, el hombre posee el derecho y la responsabilidad de dar sentido y forma a su propia vida. Por lo tanto, en medicina la filosofía humanista sostiene "evitar hacer daño". Curar es, en ese sentido, una manera de educar en la medida de lo posible la experiencia de plenitud tras la fragilidad, el crecimiento tras el agotamiento y, principalmente, el triunfo del espíritu humano ante la adversidad. Ciertamente, el profesional de la salud (incluyendo médicos, enfermeras, odontólogos, psicólogos etc.) adquiere la misión de contribuir en la lucha contra las enfermedades y las numerosas epidemias como la que actualmente estamos viviendo. Por lo tanto, los profesionales de la salud no deben perder el objetivo de contribuir a devolverle al hombre su libertad, su dignidad, o bien, hacerle notar que aún puede recuperarla mediante la salud. Sin hacer de lado que la salud es lo que une a la humanidad. Con el avance del humanismo, se produjo un cambio significativo en la manera de abordar la salud y la enfermedad. La medicina comenzó a verse no solo como una ciencia, sino también como un arte que requería del entendimiento del ser humano en su totalidad. El médico, en este nuevo enfoque, se convirtió en un acompañante del paciente, con la responsabilidad de no solo tratar síntomas, sino de considerar el contexto emocional, social y cultural del individuo. Esta perspectiva holística se alinea con los paradigmas actuales que promueven el cuidado centrado en el paciente, reforzando la importancia de la empatía y la comunicación en la relación *médico-paciente*.

El origen del virus SARS-CoV-2, causante de la pandemia de COVID-19, ha sido objeto de intensos estudios e investigaciones desde que se identificó por primera vez en diciembre de 2019 en Wuhan, China. Las teorías sobre su origen se pueden clasificar en dos grandes categorías: la zoonótica, que sugiere que el virus se transmitió de un animal a los humanos, y la teoría del laboratorio, que postula que el virus pudo haberse filtrado accidentalmente de un centro de investigación. Ambas teorías presentan evidencias y controversias que merecen un examen cuidadoso, ya que su comprensión es crucial para la prevención de futuras pandemias.

La teoría zoonótica se basa en el entendimiento de que muchos virus emergen de la interacción entre humanos y animales. Investigaciones han demostrado que los coronavirus son comunes en murciélagos y que algunas especies de pangolines pueden actuar como intermediarios en la transmisión a los humanos. La similitud genética entre SARS-CoV-2 y otros coronavirus encontrados en estos animales sugiere que el virus pudo haber cruzado la barrera de especies, un fenómeno que ha ocurrido anteriormente con otras enfermedades infecciosas. Este proceso de zoonosis no es nuevo en la historia de la medicina y ha sido documentado en brotes anteriores, como el SARS y el MERS.

Por otro lado, la teoría del laboratorio ha ganado atención debido a la proximidad geográfica del brote a instalaciones de investigación virológica en Wuhan. Algunos investigadores han planteado la hipótesis de que el virus podría haber estado presente en un laboratorio y se habría liberado accidentalmente. Aunque la comunidad científica ha sido cautelosa al abordar esta teoría, algunos estudios han señalado la necesidad de investigar más a fondo la bioseguridad y los protocolos de manejo en laboratorios que trabajan con patógenos potencialmente peligrosos. Esta perspectiva ha llevado a un debate sobre la responsabilidad de los laboratorios en la prevención de futuros brotes. Las implicaciones de estas teorías son significativas no solo para la comprensión del virus en sí, sino también para las políticas de salud pública y la investigación científica. La identificación del origen del virus puede influir en las estrategias de vacunación, en el desarrollo de tratamientos y en la preparación para futuras pandemias. Además, entender cómo se originan y propagan los virus puede ayudar a los profesionales de la salud a educar a la población sobre prácticas seguras y la importancia de la vigilancia epidemiológica.

La atención primaria es la piedra angular de cualquier sistema de salud, ya que es el primer punto de contacto entre los pacientes y el sistema sanitario. Sin embargo, durante la pandemia, esta esfera ha enfrentado diversos desafíos que han puesto a prueba la capacidad de respuesta de los profesionales de la salud. Uno de los principales retos ha sido la sobrecarga de trabajo, exacerbada por el aumento de la demanda de servicios debido a la COVID-19. Los médicos y enfermeros se han visto obligados a gestionar un volumen de pacientes sin precedentes, lo que ha llevado a un agotamiento físico y emocional significativo.

Otro desafío importante ha sido la necesidad de adaptar los protocolos de atención a las nuevas realidades impuestas por la pandemia. La implementación de medidas de distanciamiento social y la necesidad de proteger tanto a los pacientes como al personal sanitario han requerido cambios drásticos en la forma en que se brindan los servicios. Las consultas presenciales se vieron limitadas, impulsando la adopción de la telemedicina como alternativa. Sin embargo, no todos los pacientes tienen acceso a la tecnología necesaria, lo que ha creado brechas en la atención, especialmente en poblaciones vulnerables. La comunicación también ha sido un aspecto crítico en la atención primaria durante la pandemia.

La necesidad de informar a los pacientes sobre las medidas de salud pública, los síntomas de la enfermedad y el proceso de vacunación ha puesto a los profesionales de la salud en una posición de mediadores entre la ciencia y la comunidad. La desinformación ha proliferado, complicando aún más la tarea de educar a los pacientes. Los profesionales deben desarrollar habilidades de comunicación efectivas para combatir mitos y fomentar la confianza en el sistema de salud.

El acceso a recursos y suministros ha sido otro de los desafíos significativos. La escasez de equipos de protección personal, pruebas diagnósticas y tratamientos adecuados ha limitado la capacidad de los médicos para proporcionar atención de calidad. Esta situación ha generado un ambiente de incertidumbre y ansiedad tanto para los trabajadores de la salud como para los pacientes, quienes temen no recibir la atención necesaria en tiempos críticos. La gestión de estos recursos se ha convertido en una tarea prioritaria para garantizar la continuidad de la atención. Los "héroes" de bata blanca que han logrado salir adelante siempre salvaguardando a la integridad del mismo hombre bajo las circunstancias que se presenten.

La importancia del rol del médico en situaciones de crisis no puede subestimarse, especialmente en el contexto de emergencias sanitarias. Los médicos son un pilar fundamental en la atención primaria, ya que son los primeros en responder a las necesidades de salud de la población. Durante crisis como pandemias, desastres naturales o brotes de enfermedades, su capacidad para diagnosticar, tratar y orientar a los pacientes se convierte en un recurso invaluable. Además, su papel se extiende más allá de la atención directa, ya que también son responsables de liderar equipos de salud, coordinar esfuerzos y comunicar información vital a la comunidad.

En situaciones de emergencia, los médicos deben actuar con rapidez y eficacia. Esto requiere no solo conocimientos médicos, sino también habilidades en gestión de crisis. La toma de decisiones rápida y fundamentada es esencial, ya que las condiciones pueden cambiar drásticamente en cortos períodos de tiempo. Los médicos en atención primaria deben estar preparados para evaluar la gravedad de los casos, priorizar la atención y gestionar los recursos disponibles. Este enfoque no solo mejora los resultados de salud, sino que también ayuda a aliviar la presión sobre los sistemas de salud, que a menudo se ven sobrecargados durante crisis.

Otro aspecto crucial del rol médico en emergencias es la comunicación. Los médicos son responsables de transmitir información clara y precisa a los pacientes y a la comunidad en general. En situaciones de crisis, la desinformación puede propagarse rápidamente, lo que puede llevar a comportamientos perjudiciales y aumentar la ansiedad. Por lo tanto, los médicos deben ser capaces de proporcionar información sobre prevención, tratamiento y recursos disponibles de manera accesible y comprensible. Esta labor de comunicación no solo ayuda a mitigar el pánico, sino que también empodera a los pacientes para que tomen decisiones informadas sobre su salud.

Además, los médicos desempeñan un papel esencial en la promoción de la salud mental durante situaciones de crisis. El estrés y la ansiedad son respuestas comunes ante emergencias, y la salud mental a menudo se ve afectada. Los médicos en atención primaria están en una posición privilegiada para identificar problemas de salud mental en sus pacientes y ofrecer apoyo o derivaciones a servicios especializados. Reconocer la importancia de la salud mental y abordarla de manera proactiva es fundamental para el bienestar general de la población durante crisis sanitarias.

En conclusión, el rol del médico en situaciones de crisis es multifacético y esencial. Desde la atención directa a los pacientes hasta la gestión de equipos de salud y la comunicación efectiva, su contribución es vital para enfrentar emergencias sanitarias de manera efectiva. Para estudiantes de medicina, trabajadores de la salud y médicos en ejercicio, entender esta importancia y prepararse adecuadamente es fundamental para garantizar que puedan cumplir con su deber hacia la sociedad en momentos de necesidad. La capacidad de respuesta del sistema de salud depende en gran medida de la preparación y la actuación de los médicos en la primera línea de atención.

SISTEMA DE SALUD EN MÉXICO

El sistema de salud en México ha evolucionado a lo largo de los años, influenciado por diversos factores políticos, económicos y sociales. Para entender su estructura actual, es fundamental analizar el contexto histórico que ha dado forma a las políticas de salud pública. Desde el periodo prehispánico, donde las comunidades indígenas contaban con prácticas curativas basadas en la medicina tradicional, hasta la llegada de los españoles, que introdujeron nuevas formas de atención médica y enfermedades, se pueden observar las primeras interacciones entre diferentes sistemas de salud.

Durante el siglo XIX, México enfrentó importantes cambios políticos que impactaron directamente en el sistema de salud. La independencia del país en 1821 trajo consigo la necesidad de establecer un sistema de gobierno y, con ello, instituciones que se encargaran de la salud pública. Sin embargo, las guerras y la inestabilidad política limitaron los esfuerzos por consolidar un sistema organizado. Fue hasta la Revolución Mexicana de 1910 cuando se comenzaron a sentar las bases de un sistema de salud más estructurado, impulsado por la necesidad de atender a una población que sufría de enfermedades prevalentes y una alta mortalidad infantil.

Con la creación del sistema de salud pública en 1943, a través de la Ley del Seguro Social, se establecieron instituciones que buscaban garantizar la atención médica a los trabajadores y sus familias. Este fue un momento crucial en la historia del sistema de salud mexicano, ya que marcó el inicio de un modelo que combinaba la atención curativa con un enfoque preventivo. A lo largo de las décadas, el sistema se expandió y diversificó, incorporando a diferentes grupos de la población, aunque también se evidenciaron desigualdades en el acceso a los servicios de salud, especialmente en áreas rurales y marginadas.

La década de 1980 trajo consigo una serie de reformas estructurales que buscaban modernizar el sistema de salud. La implementación del programa de salud pública conocido como "Salud para Todos" en el año 2000 fue un esfuerzo significativo por parte del gobierno para mejorar el acceso y la calidad de la atención médica. Sin embargo, estos programas enfrentaron retos en su ejecución, como la falta de recursos y la corrupción, lo que limitó su efectividad y mantuvo las disparidades existentes en el acceso a servicios.

La morbilidad se refiere al estado de salud de una población y se define como la presencia de enfermedades o condiciones de salud que afectan el bienestar de los individuos. En el contexto de la salud pública, la morbilidad puede ser entendida como la carga que representan las enfermedades, tanto físicas como mentales, en una comunidad. Esta carga no solo afecta a los individuos que padecen una enfermedad, sino que también tiene repercusiones en sus familias y en la sociedad en general. Es fundamental comprender cómo la morbilidad se relaciona con factores sociales, económicos y ambientales, especialmente en comunidades desfavorecidas.

Existen diferentes tipos de morbilidad, entre los cuales destacan la morbilidad aguda y la crónica. La morbilidad aguda implica condiciones de salud que se presentan de manera repentina y que suelen tener una duración limitada, como infecciones respiratorias o gastroenteritis. Por otro lado, la morbilidad crónica se refiere a enfermedades que persisten durante un largo período y que pueden requerir cuidados a largo plazo, como la diabetes, la hipertensión y las enfermedades cardiovasculares. Estas últimas constituyen un desafío significativo para los sistemas de salud, ya que suelen estar asociadas con complicaciones severas y un impacto considerable en la calidad de vida de los pacientes.

En comunidades vulnerables, la morbilidad asociada a enfermedades infecciosas es particularmente preocupante. Factores como la pobreza, la falta de acceso a servicios de salud adecuados y condiciones de vida precarias contribuyen a la propagación de enfermedades infecciosas. Estas comunidades a menudo enfrentan brotes de enfermedades prevenibles, como la tuberculosis, el VIH/SIDA y enfermedades transmitidas por vectores, que pueden aumentar la morbilidad y, en consecuencia, la mortalidad. Esta situación resalta la necesidad de implementar estrategias de salud pública que aborden tanto la prevención como el tratamiento de estas enfermedades en poblaciones de alto riesgo.

La intersección entre morbilidad y vulnerabilidad también se manifiesta en la exacerbación de enfermedades crónicas. Las personas que padecen condiciones crónicas en comunidades desfavorecidas a menudo enfrentan barreras adicionales, como el acceso limitado a medicamentos y atención médica especializada. Estas barreras pueden llevar a un manejo inadecuado de sus condiciones, aumentando así la morbilidad y provocando complicaciones que podrían haberse evitado. Es esencial que los profesionales de la salud reconozcan estas dinámicas y trabajen en colaboración con los pacientes para desarrollar planes de atención que sean accesibles y sostenibles.

Las enfermedades crónicas son condiciones de salud que persisten a lo largo del tiempo y generalmente tienen un curso prolongado. Estas enfermedades no suelen resolverse de manera espontánea y pueden requerir atención médica constante, manejo y tratamiento a largo plazo. Se caracterizan por manifestaciones clínicas que afectan la calidad de vida del paciente y su capacidad para realizar actividades cotidianas. Las enfermedades crónicas abarcan una amplia gama de afecciones, que incluyen enfermedades cardiovasculares, diabetes, enfermedades respiratorias crónicas y trastornos mentales, entre otras.

La clasificación de las enfermedades crónicas puede realizarse de diversas maneras, pero una de las más útiles se basa en su etiología y su impacto en la salud pública. Por un lado, se pueden clasificar en enfermedades no transmisibles, como la hipertensión y la diabetes, que son el resultado de factores de riesgo modificables y no modificables, incluyendo la genética, el estilo de vida y el entorno. Por otro lado, se encuentran las enfermedades crónicas que pueden estar asociadas a infecciones previas o condiciones inmunológicas, las cuales son particularmente relevantes en comunidades desfavorecidas.

El impacto de las enfermedades crónicas en la morbilidad es considerable, especialmente en poblaciones vulnerables. Estas condiciones no solo afectan la salud física, sino que también contribuyen a la carga emocional y psicológica de los pacientes, generando un ciclo de vulnerabilidad. En comunidades desfavorecidas, la alta prevalencia de enfermedades crónicas se ve exacerbada por factores sociales como la pobreza, la falta de acceso a servicios de salud y la educación insuficiente sobre la prevención y el manejo de estas condiciones. La intersección entre enfermedades crónicas y enfermedades infecciosas se convierte en un desafío importante, ya que las infecciones pueden agravar las condiciones crónicas existentes y viceversa.

La clasificación de las enfermedades crónicas también puede incluir diferencias en la gravedad y la progresión de la enfermedad. Existen enfermedades crónicas que se consideran estables y manejables, mientras que otras pueden tener episodios de exacerbación que requieren atención médica urgente. Esta variabilidad en el curso de la enfermedad implica que los profesionales de la salud deben ser capaces de identificar y gestionar adecuadamente cada caso, adaptando los tratamientos a las necesidades individuales de los pacientes. Además, es fundamental que los estudiantes de medicina y los trabajadores de la salud se familiaricen con las guías y protocolos de atención diseñados para abordar la complejidad de estas enfermedades.

La relación entre enfermedades crónicas y morbilidad es un tema de creciente importancia en el ámbito de la salud pública, especialmente en comunidades desfavorecidas. Las enfermedades crónicas, como la diabetes, hipertensión y enfermedades cardiovasculares, no solo afectan la calidad de vida de los individuos, sino que también contribuyen significativamente a la morbilidad general de la población. Estas condiciones de salud, que a menudo son prevenibles o manejables, requieren atención continua y pueden complicar el manejo de enfermedades infecciosas, lo que a su vez exacerba la carga de morbilidad en estas comunidades.

Además, las enfermedades crónicas pueden influir en la respuesta inmune del organismo, haciendo que los pacientes sean más susceptibles a infecciones. Esto es especialmente relevante en comunidades desfavorecidas, donde la prevalencia de enfermedades crónicas es a menudo mayor debido a factores como la desnutrición, el sedentarismo y el acceso limitado a atención médica de calidad. La interacción entre estas condiciones crea un ciclo vicioso que perpetúa la morbilidad y la vulnerabilidad, necesitando un enfoque integral en la atención médica.

Desde el punto de vista del tratamiento y la prevención, es fundamental que los profesionales de la salud reconozcan esta relación. La atención médica debe ser holística, considerando no solo el tratamiento de las enfermedades crónicas, sino también la prevención de infecciones y la promoción de estilos de vida saludables. La educación y el empoderamiento de los pacientes son cruciales para fomentar una mejor gestión de sus condiciones de salud, lo que puede llevar a una reducción significativa en la morbilidad general.

Las características demográficas y socioeconómicas de una población son factores determinantes en la morbilidad de enfermedades infecciosas, especialmente en comunidades desfavorecidas. Estas comunidades suelen presentar un perfil demográfico con una alta proporción de población joven y una tasa elevada de natalidad, junto con una esperanza de vida reducida. La estructura de edad influye en la propagación de enfermedades infecciosas, ya que los niños y jóvenes son más susceptibles a ciertas patologías, lo que resulta en una mayor carga de morbilidad en estos grupos etarios. Además, el acceso limitado a servicios de salud y la falta de educación sobre prevención y tratamiento son características comunes que agravan esta situación. El nivel socioeconómico es otro aspecto crucial que impacta la salud de estas comunidades. Las familias que viven en condiciones de pobreza suelen tener acceso restringido a alimentos nutritivos, atención médica y condiciones de vivienda adecuadas. Esto no solo afecta su estado de salud general, sino que también las hace más vulnerables a infecciones. La inseguridad alimentaria y la falta de recursos para atención médica generan un círculo vicioso que perpetúa la morbilidad. Las enfermedades infecciosas, al ser más prevalentes en estos entornos, contribuyen a la reducción de la capacidad económica de las familias, incrementando aún más su vulnerabilidad.

La educación juega un papel fundamental en la mitigación de la morbilidad asociada a enfermedades infecciosas. Las comunidades con menores niveles educativos tienden a tener menos conocimientos sobre prevención y control de enfermedades. Esto se traduce en prácticas de salud inadecuadas, como la falta de vacunación, el escaso uso de métodos de prevención como el uso de mosquiteros en áreas endémicas, y el desconocimiento de los síntomas de enfermedades que requieren atención médica urgente. Por tanto, mejorar la educación y la sensibilización sobre la salud es esencial para romper el ciclo de pobreza y enfermedad que afecta a estas comunidades. La educación en salud se define como el proceso mediante el cual se transmiten conocimientos, habilidades y actitudes que permiten a los individuos tomar decisiones informadas sobre su salud y bienestar. Este concepto abarca no solo la instrucción formal en entornos educativos, sino también la sensibilización y la información que se brinda en comunidades y a través de diversas plataformas de comunicación. Tiene como objetivo empoderar a las personas para que comprendan mejor su salud, reconozcan factores de riesgo y adopten comportamientos saludables.

Un aspecto fundamental de la educación en salud es su enfoque en la prevención. A través de programas educativos, los estudiantes de medicina, trabajadores de la salud y médicos pueden enseñar a los pacientes sobre la importancia de la prevención de enfermedades, la promoción de hábitos saludables y la detección temprana de condiciones médicas. Este enfoque no solo beneficia a los pacientes, sino que también reduce la carga sobre los sistemas de salud, al disminuir la incidencia de enfermedades prevenibles.

La educación en salud no se limita a la transmisión de información; también implica la creación de un espacio donde los pacientes se sientan cómodos para hacer preguntas y expresar sus preocupaciones. Este diálogo abierto es esencial para fomentar una relación de confianza entre el paciente y el profesional de la salud. Cuando los pacientes están bien informados, se sienten más capacitados para participar en su propio cuidado, lo que puede resultar en mejores resultados de salud y una mayor satisfacción con la atención recibida.

La adherencia al tratamiento es un aspecto crucial en la atención de la salud que puede determinar el éxito o el fracaso de un tratamiento médico. Mejorar la adherencia implica no solo seguir las indicaciones de un profesional de la salud, sino también comprender la importancia de cada uno de los elementos del tratamiento prescrito. Uno de los principales factores que afectan la adherencia al tratamiento es la falta de información. Muchos pacientes no comprenden adecuadamente su diagnóstico, el propósito de los medicamentos o la duración del tratamiento. Esto puede llevar a malentendidos y a la desconfianza en el enfoque terapéutico. Por lo tanto, es esencial que los profesionales de la salud dediquen tiempo a educar a sus pacientes sobre su condición, utilizando un lenguaje claro y accesible. Esto no solo aumenta la confianza del paciente en su tratamiento, sino que también promueve una mayor responsabilidad en su autocuidado.

NEGOCIO FARMACEUTICO

La industria farmacéutica se define como el sector económico encargado de la investigación, desarrollo, producción y comercialización de medicamentos y productos farmacéuticos. Este sector juega un papel crucial en el sistema de salud, ya que proporciona las herramientas necesarias para el tratamiento de enfermedades y la mejora de la calidad de vida de los pacientes. A través de la innovación y la tecnología, la industria farmacéutica contribuye a la creación de nuevas terapias que pueden transformar la manera en que se abordan diversas patologías.

En términos de organización, la industria farmacéutica se compone de diversas entidades, que van desde grandes corporaciones multinacionales hasta pequeñas empresas biotecnológicas. Estas organizaciones están involucradas en un proceso complejo que incluye estudios clínicos, ensayos de eficacia y seguridad, y el cumplimiento de estrictas normativas regulatorias. Este entorno altamente regulado es fundamental para garantizar que los medicamentos sean seguros y eficaces antes de su aprobación para el uso en pacientes. Uno de los aspectos más relevantes de la industria farmacéutica es su capacidad para innovar. La investigación y el desarrollo ya que son pilares fundamentales, donde se invierten una parte significativa del presupuesto en la búsqueda de nuevas moléculas y tratamientos. Esta innovación no solo se limita a la creación de nuevos medicamentos, sino que también abarca la mejora de formulaciones existentes y el desarrollo de tratamientos personalizados que se adapten a las características individuales de los pacientes. Sin embargo, el negocio de las farmacéuticas también enfrenta críticas y desafíos. Las preocupaciones sobre el costo de los medicamentos, la accesibilidad para los pacientes y las prácticas de marketing agresivas han llevado a un debate significativo sobre la ética en la industria. Los estudiantes y profesionales de la salud deben estar conscientes de estas dinámicas, ya que impactan no solo en la disponibilidad de tratamientos, sino también en la confianza que los pacientes depositan en el sistema de salud. Su definición abarca no solo la creación de medicamentos, sino también el compromiso con la innovación y la ética en el negocio.

María Guadalupe de 60 años es residente en el Estado de México. Trabaja actualmente como empleada doméstica en una de las casas de Interlomas, Huixquilucan, al oriente de la ciudad, zona que se considera con mayor ingreso económico en el área metropolitana. Hace 16 años, le diagnosticaron diabetes tipo 2 sin presentar alguna sintomatología aparentemente. Cada 15 días del mes, María acude a un centro de salud para realizarse su control médico y surtir sus medicamentos. Ella está consciente de su enfermedad y siguiendo a pie de la letra su tratamiento. En América Latina viven aproximadamente 62 millones de adultos y María es una de las que padecen Diabetes Mellitus Tipo 2, enfermedad que si no se trata, puede tener complicaciones graves como infarto de miocardio, accidente cerebrovascular, ceguera, insuficiencia renal, amputación de los miembros inferiores, e incluso, la muerte.

La evolución de los tratamientos farmacológicos ha sido un factor determinante en la recuperación de traumas bélicos, mejorando significativamente la calidad de vida de los pacientes y acelerando los procesos de sanación. Desde los primeros días de la medicina militar, donde se utilizaban remedios rudimentarios y hierbas, hasta la actualidad, donde se cuentan con terapias avanzadas y medicamentos específicos, el desarrollo farmacológico ha recorrido un camino extraordinario. En la antigüedad, los tratamientos para traumas eran limitados y muchas veces ineficaces. Las heridas de guerra eran tratadas con métodos como la cauterización y el uso de plantas medicinales, aunque el conocimiento sobre la anatomía y la fisiología era rudimentario. Con el tiempo, el descubrimiento de la anestesia en el siglo XIX revolucionó la cirugía militar, permitiendo realizar intervenciones más complejas y dolorosas. Esta época marcó el inicio de una mayor comprensión sobre la necesidad de tratar no solo las heridas físicas, sino también el dolor y el sufrimiento de los soldados.

El siglo XX trajo consigo avances significativos en la farmacología, incluyendo la introducción de antibióticos y antiinflamatorios. Estos medicamentos no solo ayudaron a prevenir infecciones postoperatorias, sino que también facilitaron la recuperación de los pacientes al reducir la inflamación y el dolor. La penicilina, descubierta por Alexander Fleming, cambió radicalmente el enfoque del tratamiento de heridas infectadas, lo que resultó en una disminución notable de la mortalidad en conflictos bélicos. La investigación y el desarrollo de nuevos fármacos continuaron avanzando, ampliando las opciones para manejar el dolor y mejorar la curación. Con el avance de la tecnología y la biomedicina en las últimas décadas, se han desarrollado tratamientos farmacológicos más sofisticados, como los analgésicos opioides y los fármacos biológicos. Además, la investigación en terapias génicas y tratamientos personalizados promete revolucionar aún más la forma en que se abordan los traumas, ofreciendo soluciones adaptadas a las necesidades individuales de los pacientes.

La integración de la farmacología con la psicología y la rehabilitación física ha permitido un enfoque más holístico en la recuperación de los pacientes. A medida que se continúan realizando investigaciones y se desarrollan nuevas tecnologías, el futuro de los tratamientos farmacológicos en la recuperación de traumas bélicos se presenta prometedor, con la esperanza de proporcionar alivio y recuperación a quienes han sufrido en conflictos armados.

El mayor auge que ha tenido la ciencia lamentablemente ha sido originado de la guerra. Los nuevos descubrimientos conseguidos en el continente americano, permitieron que las técnicas de creación de medicamentos pasaran de la extracción tradicional de principios activos de plantas medicinales, para uso terapéutico. Por primera vez, diversos constituyentes de especies vegetales al igual que distintas sustancias naturales eran obtenidas con elevada pureza en los laboratorios científicos, lo que facilitó el estudio del efecto de diferentes componentes en el organismo, así como su utilización para la prevención y tratamiento de ciertas enfermedades. Al mismo tiempo, las secuelas de la Revolución Industrial permitieron la introducción de maquinaria pesada en el proceso de manufactura de diversos productos, lo que asociado a los nuevos métodos de obtención de principios medicinales que permitían grandes rendimientos a un costo aceptable, dieron origen a una nueva rama del comercio dedicada a la elaboración masiva de medicamentos: la industria farmacéutica. A partir de entonces, la responsabilidad de la investigación y diseño de nuevos fármacos y presentaciones comenzó a ser abandonada por los farmacéuticos y boticarios para recaer cada vez más en las grandes compañías industriales, quienes contaban con los recursos tecnológicos y económicos necesarios para el desarrollo de estas actividades. Las naciones que apostaron por el impulso de la investigación química de aplicación tecnológica fueron las que obtuvieron el control de la industrialización del medicamento en el mundo.

En México, la investigación farmacéutica durante la segunda mitad del siglo XIX fue realizada por diversos institutos estatales, así como por asociaciones privadas de médicos y farmacéuticos. Las principales actividades científicas y de investigación se llevaron a cabo durante el periodo histórico conocido como el Porfiriato (1876-1911), donde el gobierno permitió que el país estuviera en constante contacto con la ciencia europea y con los científicos originarios de ese continente.

Sería hasta el periodo posrevolucionario 1917-1940, cuando distintas compañías farmacéuticas europeas y norteamericanas comenzaron a observar al país como un terreno fértil para sus inversiones, por lo que decidieron instalar sus filiales en el mercado local. Asimismo, algunos empresarios mexicanos, junto a diversos inversionistas extranjeros que radicaban desde hacía tiempo en la nación, también empezaron a incursionar en la fabricación en serie de medicamentos. De esta forma nació la industria farmacéutica en México, que constituye actualmente uno de los sectores productivos más importantes y una de las principales fuentes de empleo para los químicos y farmacéuticos mexicanos. Sin embargo, en los estudios actuales poco se ha analizado sobre los orígenes de este sector industrial en nuestro país.

Durante las últimas décadas del siglo XIX, hicieron su aparición en México la medicina de patente y la especialidad farmacéutica. Estos nuevos medicamentos industriales, procedentes de Europa y Estados Unidos, poseían características muy diferentes a las de la fórmula magistral: llegaban ya envasados, tenían una dosificación incluida y eran de fácil administración Se entiende como fórmula magistral a la preparación de un medicamento previamente prescrito por el médico. No obstante, su principal característica consistía en que eran productos químicos que se fabricaban a partir de la síntesis orgánica y el aislamiento de moléculas con propiedades medicinales. La llegada de estos productos trajo consigo una revolución terapéutica a nuestro país, es decir, una transformación radical en el tratamiento y prevención de las enfermedades.

Así es como la industria farmacéutica empezó a tener más fuerza dentro del mercado pudiendo ofrecer medicamentos al público. Para poder competir en el mercado frente a la invasión de medicamentos importados, algunos farmacéuticos mexicanos empezaron a elaborar medicinas de marca en sus boticas y pequeños laboratorios. Al respecto debe mencionarse el laboratorio de la farmacia del Hospital de Jesús de la Ciudad de México, a cargo en 1903 del profesor Juan B. Calderón, uno de los precursores de la industrialización de la Farmacia en nuestro país, donde se confeccionaban las "nuevas" formas farmacéuticas como: perlas y cápsulas, gelatinas, comprimidos y tabletas, tinturas, extractos fluidos, sinapismos, ungüentos y pomadas. Más tarde, surgió el medicamento inyectable en ampolletas de vidrio de un solo uso, donde la farmacia del Hospital fue la primera en el país y aún en América, en ocuparse de esta nueva forma farmacéutica, cuyo desarrollo no se había iniciado todavía ni en Estados Unidos.

Los medicamentos son un elemento fundamental para llegar a grado máximo de salud, además, sin ellos la medicina difícilmente avanzaría, por lo tanto, repercutirá de forma directa en la calidad de vida de la población. Teniendo en cuenta esto es importante poder ofrecer una gama de opciones para que los enfermos puedan tener acceso al tratamiento farmacológico y así lograr con ello el control o sanidad de la enfermedad.

LA CALIDAD EN LA ATENCIÓN

La calidad en la atención médica es un concepto fundamental que impacta directamente en la salud y bienestar de los pacientes. Se refiere a la capacidad de los servicios de salud para satisfacer las necesidades de los pacientes y proporcionarles atención segura, efectiva, centrada en el paciente y basada en evidencias. La calidad no solo implica la competencia técnica de los profesionales de la salud, sino también la manera en que se comunican, el ambiente en que se brinda la atención y la consideración de las preferencias y valores de los pacientes. Existen varias dimensiones que definen la calidad en la atención médica. Una de las más relevantes es la seguridad, que busca minimizar los riesgos y daño a los pacientes durante el proceso de atención. La efectividad, por otro lado, se refiere a la capacidad de los tratamientos y procedimientos para lograr los resultados deseados y mejorar la salud de los pacientes.

La atención centrada en el paciente es otra dimensión crucial, que implica tratar a los pacientes con respeto, dignidad y consideración de sus preferencias. Estas dimensiones están interrelacionadas y son esenciales para garantizar una atención de calidad. La calidad también se mide a través de indicadores específicos, que pueden ser cuantitativos o cualitativos. Estos indicadores permiten evaluar el desempeño de los servicios de salud y detectar áreas de mejora. Por ejemplo, las tasas de infecciones nosocomiales, la satisfacción del paciente, y los tiempos de espera son algunos de los indicadores utilizados para medir la calidad. La recopilación y análisis de datos sobre estos indicadores es fundamental para implementar estrategias que fortalezcan la calidad en la atención médica. Además, el compromiso de todos los actores involucrados en el sistema de salud es vital para lograr una atención de calidad. Los estudiantes de medicina, por ejemplo, deben ser formados en la importancia de la calidad desde el inicio de su carrera, lo que les permitirá adoptar una mentalidad orientada a la mejora continua. Por otro lado, los trabajadores de la salud deben recibir capacitación constante y contar con un entorno laboral que promueva la calidad en la atención. Los pacientes también juegan un papel esencial, ya que su retroalimentación puede proporcionar información valiosa para la mejora de los servicios. Es muy conocido el principio básico de la economía que establece que **"las necesidades de la población son siempre crecientes mientras que los recursos disponibles para satisfacerlas son siempre limitados"**.

Los factores que influyen en la utilización y acceso a los servicios de salud se pueden integrar en cinco grupos: económicos (niveles de ingresos), sociodemográficos (sexo y edad), geográficos (distancia física y relieve), socioculturales (educación), y organizacionales (administración y gestión de los servicios); por lo tanto, se puede entender que la concepción de accesibilidad se ubica en un contexto integral, es decir, lo territorial (accesibilidad física) y lo social (todos aquellos indicadores socioeconómicos.

Habitualmente se enmarca el accionar en el sector salud con cuatro palabras: **equidad, efectividad, eficacia y eficiencia**. La prestación de servicios debe realizarse con equidad, esto es, dar más a quién más necesita garantizando la accesibilidad; con eficacia, o sea, con metodologías y tecnologías adecuadas;

con efectividad, alcanzar cobertura e impacto adecuados; y con eficiencia, con rendimiento y costos acordes.

¿Qué significa calidad en el sector salud? En la literatura existen variadas definiciones para el concepto de calidad aplicado al sector salud veamos algunas:

"Desempeño adecuado (de acuerdo con las normas) en las intervenciones consideradas seguras, que están al alcance de las sociedades en cuestión y de tener la capacidad de producir un impacto en la mortalidad, morbilidad, discapacidad y malnutrición". (Ipinza Riveros M. 2017).

"La calidad de la atención técnica consiste en la aplicación de la ciencia y tecnología médica de manera tal que maximice sus beneficios a la salud sin aumentar al mismotiempo los riesgos. El grado de calidad es, por lo tanto, elpunto en el cual se espera que la atención provista logre el balance más favorable de riesgos y beneficios".
(Céspedes Quirós Y., Cortés ÁR. MadrigalMeneses M. 2011).

"La calidad es hacer lo correcto de la manera correcta la primera vez, y hacerlo mejor la vez siguiente, con las

limitaciones de los recursos existentes y con la satisfacción dela comunidad".

(Céspedes Quirós Y., Cortés ÁR., Madrigal Meneses M. 2011).

En nuestro contexto médico definimos que:

"Calidad significa dar una respuesta efectiva a los problemas o situaciones sanitarias que inciden sobre una población y susindividuos e implica la satisfacción de los pacientes, la familia y la comunidad para con estos servicios". (Mariñelarena M. Cote, 2010).

Han sido sumamente conocidos los reclamos que se han presentado por la falta de calidad de la atención. Quejas tan comunes como "tuve que esperar 2 horas para que me atendieran." "El médico me citó a las7:00 y me atendió hasta las 10:00" o "el médico ni siquierame revisó, solo me vio, hizo algunas preguntas generales y me surtió me medicamento".

No existe actualmente una regla que pueda evaluar o estandarizar la cantidad suficiente de personal sanitario, porque es un número muy fluctuante. La OMS estima quelos países con menos de 23 profesionales de atención de salud (incluidos únicamente médicos, enfermeras y parteras) por cada 10.000 habitantes, probablemente no alcancen las tasas de cobertura adecuadas para las intervenciones clave de atención primaria de salud que son prioritarias enel marco de los Objetivos de Desarrollo del Milenio. Según la Organización para la Cooperación y el Desarrollo Económicos (OCDE) publicado en "Código F, la revista de la CANIFARMA" (octubre 3, 2019) en México estudiantes de medicina y enfermería cuenta con cifras de 13.5% egresados por cada milhabitantes, cifra que nos coloca entre los países con mayorcantidad de egresados en las escuelas de Medicina.

Es necesario mencionar también que no todas las personas quealcanzan el grado de médico o enfermero hacen ejercicio de su profesión; o, al menos, no lo hacen simultáneamente. Esto también se ve reflejado en las estadísticas internacionales, donde México, con apenas 2.4 doctores y 2.9 enfermeros por cada mil habitantes, cifra que podría resultar insuficiente para la atención o, al menos de gran consideración; mientras que otros países como Austria lidera la lista de médicos que ejercen con 5.2. Otro ejemplo que podemos mencionar es Noruega que cuenta con enfermeros con 17.8 por cada mil habitantes, abriendo una gran brecha de distancia muy difícil de alcanzar para nuestro país.

Pero no solo aquí podemos encontrar la posible falla. Uno de los aspectos más significativos radica en la enorme diferencia entre el conocimiento científico actual yla aplicación de esos conocimientos en la práctica clínica. El conocimiento ha crecido en forma realmente extraordinaria, pero en buena medida no se aplica en la prácticamédica diaria. Como consecuencia, muchos pacientes no reciben los tratamientos que deben recibir y otras vecesreciben tratamientos cuyo beneficio no está demostrado. A la vez, se han incrementado los errores médicos con gravesconsecuencias sobre la morbilidad, mortalidad y los costosde atención médica". ¿Dónde está la falla ante este fenómeno? ¿Por qué a pesar de que contamos con personal no los vemos en los consultorios atendiendo a la población? Tomando en consideración esto podemos decir que el recurso humano (enfocándonos sólo en médicos y enfermera) presenta fugas de recursos humanos que hay que detener o encauzar ante la gran demanda, por lo tanto, me atrevo a decir que es un factor importante para que la calidad en la atención sea deficiente. Es lógico pensar que una sobredemanda conlleva dentro de muchas otras cosas a la fatiga del que brinda el servicio y por lo tanto el servicio será por mucho, deficiente. ¿Cómo podemos equilibrar esto? igualando la oferta y la demanda?

Las Unidades de Medicina Familiar que cuenta el IMSS para la atención primaria, los derechohabientes que acudían sin cita son pacientes con patologías agudas, trabajadores y menores de guarderías con necesidad de atención oportuna.

El tiempo promedio de espera para recibir atención era de 179 minutos. Esto sólo centrándonos en el IMSS que es la institución con mayor cobertura en el país y sólo hablando de atención de primer nivel, si escalamos a la atención de segundoy tercer nivel, la demanda y los tiempos incrementan y conello, la calidad en la atención se ve afectada.

Para poder cubrir con esta enorme demanda, el sector privado echó mano a la creación de los famosos consultorios anexos a farmacia. Al tener una alta demanda de los enfermos que requieren atención médica, el sector privado implementólos Consultorios Adyacentes a Farmacias (CAF) los cuales brindan servicios médicos ambulatorios, principalmente para padecimientos agudos. Los consultorios anexos a farmacias representan una innovación en el ámbito de la atención sanitaria, ofreciendo servicios médicos en un entorno accesible y conveniente. Estos espacios funcionan como extensiones de las farmacias, permitiendo que los pacientes reciban atención médica básica y especializada sin necesidad de desplazarse a un centro de salud más grande. La esencia de estos consultorios radica en su capacidad para integrar servicios farmacéuticos y médicos, facilitando un enfoque multidisciplinario en el cuidado del paciente.

La definición de un consultorio anexo a farmacia se refiere a un espacio físico donde los profesionales de la salud, como médicos y enfermeros, brindan atención a pacientes en un ambiente que ya cuenta con servicios farmacéuticos. Esto no solo mejora la eficiencia en la atención, sino que también optimiza el uso de recursos, al permitir que los pacientes accedan a tratamientos y medicamentos de manera inmediata después de su consulta. Este modelo se ha vuelto especialmente relevante en contextos donde la demanda de atención médica supera la capacidad de los hospitales y clínicas tradicionales.

El concepto detrás de los consultorios anexos a farmacias se basa en la necesidad de facilitar el acceso a la atención sanitaria. En muchas comunidades, especialmente en áreas rurales o desatendidas, la distancia a centros médicos puede ser un obstáculo significativo para recibir atención adecuada. Los consultorios anexos a farmacias abordan este desafío al ofrecer servicios médicos en ubicaciones estratégicas, donde los pacientes ya acuden con regularidad para adquirir medicamentos. Esto no solo mejora la accesibilidad, sino que también promueve la adherencia a los tratamientos, ya que los pacientes tienen la oportunidad de consultar con un profesional de la salud y obtener sus medicamentos en una sola visita.

Los primeros CAF en México se establecen a finales de la década de 1990. Los CAF son una alternativa para la población, independientemente de su condición de aseguramiento en salud. Es un modelo de negocio en el cual te ofrece rapidez, pues ahorras tiempo de espera si asistes a un Instituto, y muchas de las veces resuelven el problema de salud en ese momento. El modelo CAF, incorporado en México en 1997 por una cadena de farmacia local bajo la estrategia empresarial de ofrecer medicamentos sin patente (genéricos) y atención médica a la población de ingresos bajos, se expandió rápidamente por México y América Latina. Con el cumplimiento en 2010 de la regulación para la venta de antibióticos solo con receta médica, los CAF se fortalecieron para facilitar la prescripción de antibióticos y evitar pérdidas de ventas en las farmacias. Entre 2010 y 2014, el número de CAF aumentó en un 340% hasta llegar a 15.000 farmacias de grandes cadenas o independientes.

Así, las cifras nos muestran que cerca de la mitad de las farmacias privadas mexicanas cuentan con un CAF, donde laboran alrededor de 32.500 médicos/as, han brindado atención a zonas muy marginadas.

Estudios previos han documentado los factores que influyen en la práctica médica y determinan la calidad y la cantidad de servicios brindados a los/las usuarios/as como los culturales políticos, sociales, profesionales y organizativo. Entre estos últimos se incluyen las condiciones de trabajo, el ambiente laboral, la modalidad de contratación, la antigüedad en el trabajo y la oportunidad de capacitación o la seguridad laboral y los sistemas de remuneración, como el salario y los incentivos. Además, se ha reportado el gran peso de los esquemas administrativos sobre las decisiones médicas y las consecuentes tensiones y desacuerdos entre el personal de salud, haciendo con esto, un sistema de salud poco objetivo.

Respecto a los aspectos laborales en los CAF, son las farmacias las que asumen la organización del consultorio y establecen las condiciones de trabajo, y, lamentablemente el médico egresa con la idea que será lo contrario. Tales ideas son pormencionar algunas, la existencia de contrato, el horario y el tipo de ingreso, ya sea fijo o variable, en ocasiones vinculado a incentivos por medicamentos prescritos y ventas de la farmacia que muchas de ellas son innecesarias, lo que sugiere una precarización del empleo del personal médicoque ahí labora.

El sistema de salud podría contribuir con estrategias encaminadas a fortalecer la atención primaria, pero sobre todo medicina preventiva, generando e incentivando espacios laborales que garanticen las condiciones mínimas con estímulos al desempeño para la retención de losprofesionales de la salud y para garantizar una provisiónapropiada de los servicios que otorgan. Dejando la puerta abierta al análisis del estudio del salarioy la explotación con la que se trabaja como ya se mencionó anteriormente.

Además, otro factor importante que hay que dejar sobrela mesa de forma muy superficial porque no es el objetivo de este libro es conocer cómo están distribuidos estos servicios en el territorio mexicano.

Dejando en claro que la geografía médica se refiere concretamente al patrón de distribución de las enfermedades que, por lo regular, tienenque ver directamente con el factor locacional (por ejemplo, calidad del aire, agua, condiciones sanitarias en la vivienda, etc.), es decir, está más relacionada con el medio ambiente, es más común tener en las zonas costeras enfermedades por mosquitos que picaduras de alacrán, las cuales éstas son de mayor prevalencia en el norte del país. La geografía de la salud tiene un nivel de estudio mucho más amplio, ya que su contexto se relaciona con otros factores sociales; ante otros aspectos se refiere al estudio de la distribución de los servicios de salud, por lo tanto, la concentración del servicio de salud se encuentra en la Ciudad de México y Estado de México, dejando por debajo estados como Chiapas, Oaxaca y Guerrero una gran área de oportunidad sería empezar a homogeneizar el acceso de salud en todo el país.

RELACIÓN MEDICO-PACIENTE

La relación *médico-paciente* es un componente fundamental en el ámbito de la salud, que trasciende la mera transacción de servicios médicos. Esta relación no solo implica la interacción entre un profesional de la salud y un paciente, sino que también se basa en la confianza, el respeto y la comunicación efectiva. La calidad de esta relación puede influir significativamente en el diagnóstico, tratamiento y en la satisfacción general del paciente con su atención médica. Por lo tanto, entender su importancia es esencial para estudiantes de medicina, pacientes y todos los profesionales de la salud.

Uno de los aspectos más cruciales de la relación *médico-paciente* es la comunicación. Un médico que escucha atentamente a su paciente y se toma el tiempo para explicar los diagnósticos y tratamientos de manera comprensible puede mejorar la adherencia del paciente al tratamiento. La comunicación efectiva permite a los médicos obtener información vital sobre la historia clínica y los síntomas del paciente, lo que resulta en diagnósticos más precisos. Además, cuando los pacientes sienten que sus preocupaciones son escuchadas y valoradas, tienden a ser más abiertos y honestos sobre sus síntomas y temores, lo que en última instancia contribuye a una atención de mayor calidad. Con el paso del tiempo, la medicina comenzó a adoptar un enfoque más científico. Durante la Edad Media y el Renacimiento, el surgimiento de la anatomía y la fisiología como disciplinas fundamentales trajo consigo un cambio en la percepción del médico. La relación *médico-*

paciente se transformó en un intercambio más técnico, donde el conocimiento del médico se centraba en los aspectos fisiológicos y patológicos del cuerpo humano. Sin embargo, esta evolución también dio lugar a una cierta deshumanización en la atención médica, ya que el enfoque en la enfermedad a menudo eclipsaba la individualidad del paciente.

En el siglo XX, se produjo un giro significativo en la comprensión de la relación *médico-paciente*. Movimientos como el de la medicina biopsicosocial comenzaron a enfatizar la importancia de considerar al paciente como un ser humano integral, con emociones, contextos sociales y necesidades psicológicas. Este enfoque promovió la idea de que una comunicación efectiva y empática entre el médico y el paciente es fundamental para lograr resultados óptimos en la atención médica.

En la actualidad, la relación *médico-paciente* se encuentra en un momento de transformación impulsado por la tecnología y el acceso a la información. Los pacientes son cada vez más informados y activos en su propio cuidado, lo que ha llevado a un cambio en el poder tradicional que ostentaba el médico. La medicina basada en evidencia y el uso de herramientas digitales han facilitado una comunicación más fluida, pero también han planteado desafíos en términos de privacidad y la calidad de la interacción personal. La empatía y la escucha activa siguen siendo esenciales en este nuevo panorama.

A medida que la relación médico-paciente continúa evolucionando, es fundamental que tanto los futuros médicos como los pacientes reconozcan la importancia de mantener un vínculo de confianza y respeto mutuo. La formación de los profesionales de la salud debe incluir no solo el desarrollo de habilidades clínicas, sino también el aprendizaje de competencias comunicativas y emocionales que fortalezcan esta relación. En definitiva, la historia de la relación *médico-paciente* es un reflejo de la evolución de la medicina misma, y su futuro dependerá de la capacidad de todos los actores involucrados para adaptarse a los cambios y desafíos que se presenten.

Como hemos visto y dada la necesidad e importancia que se tiene para afrontar las enfermedades, (porque es evidente) las cuales causan temor social al enfrentarse a la muerte, surge la imagen médica, imagen de protección y respeto hacia el médico o por lo menos esto era más visto en las épocas anteriores porque con el paso del tiempo, el médico ha perdido la sensibilidad y con ello el rol ante la sociedad. Entrando un poco en los orígenes específicos de esta forma de expresión escritas desde el Código de Hammurabi (año 1728 a.C.) surgió en la Antigua Grecia hasta puesto de manifiesto en el Juramento Hipocrático (450 – 347 a.C.) aceptado como fundamento intocable de la profesión por todos los médicos como símbolo de compromiso ante la sociedad.

Pero a lo largo de la historia; esto ha ido cambiando por la simple naturaleza de evolucionar o trascender. El compromiso con el paciente, mediante la confianza y el cultivo de los conocimientos adecuados, que así debería de ser, aparecen de nuevo en la llamada Oración de Maimónides (escrita en Córdoba en 1138).

Desde que se inicia la carrera de medicina se ha promulgado mucho esta frase relación *médico-paciente* como símbolo de bandera, en la cual; nos insta a los profesionales de la salud, sobre todo médicos, a no perder el objetivo de nuestra atención. Esta relación no solo existe en el ámbito médico, lo podemos ver a diario "cliente-vendedor" "arrendatario-arrendado." Es un modelo social, un modelo de relación interpersonal que comenzó a practicarse desde muchísimo antes de que se tuviera conciencia de esto, pues el ser humano como es bien sabido es bio-psico-social. Pero ¿qué lo hace tan marcado para los médicos?

El hombre es un ser en relación, y esta relación es un movimiento constante, de convivir, es decir; vivir con las cosas, las circunstancias y las personas, como había teorizado ya el mismo Hipócrates. Incluso consideraba que el médico debía reunir cuatro cualidades fundamentales, de las cuales propongo analizar para preguntarnos si la mayoría de los médicos actuales cumplen con este perfil, conocimiento, sabiduría, humanidad y probidad.

Estas condiciones más tarde Pedro Lain Entralgo las resumirían en tres apartados:

1.- Saber ponerse en el lugar del otro.

2.- Sentir como él o ella.

3.- Disponerse a ayudarle cuando enfrenta dificultades.

Chauliac médico cirujano sobreviviente a la peste negra es el pionero de esta ideología médica social y hace mención:

"[...] el médico debe tener buenos modales, debe ser audaz en muchas formas, temeroso en los peligros, para que aborrezca las curas o prácticas falsas. Debe ser afable con los enfermos,

bondadoso para sus colegas, sabio en sus pronósticos. Debe ser casto, sobrio, compasivo y abnegado; no debe ser ávido o codicioso en cuestiones de dinero, y recibirá un salario proporcional a sus trabajos, a la capacidad financiera de sus pacientes, al éxito de su tratamiento y a su propia dignidad."

Juan de Ardenne enriquece el concepto de Chauliac, en los comportamientos sociales que debían tener los médicos:

"En sus ropas y sus pertenencias debe ser honesto y no compararse en atuendo y comportamiento a los minístrales, sino que en su ropa y en su porte debe mostrar la manera de los clérigos [...] y si es cortés ante la mesa de su señor y no es desagradable en palabras o en obras para los que se sientan a su lado, oye muchas cosas, pero dice pocas [...] y cuando habla, que sus palabras sean breves, y en los posible, justas y razonables, sin juramentos. Que nunca haya doble sentido en sus palabras, pues si se le nota cierto en sus palabras, pocos o ninguno dudarán de sus obras"

Relación autoritaria

La relación autoritaria entre médicos y pacientes se caracteriza por un enfoque en el cual el médico ejerce un control considerable sobre el proceso de atención médica. En este modelo, el profesional de la salud toma decisiones unilaterales, asumiendo que su conocimiento y experiencia son suficientes para guiar al paciente en su tratamiento. Este tipo de relación puede ser eficaz en situaciones de emergencia o en contextos donde el paciente no tiene la capacidad de participar activamente en su atención. Sin embargo, presenta importantes desventajas que pueden afectar la calidad de la atención y la satisfacción del paciente.

Uno de los principales problemas de la relación autoritaria es la falta de comunicación efectiva. Cuando el médico asume un papel dominante, el paciente a menudo se siente despojado de su voz y su autonomía. Esta dinámica puede resultar en que el paciente no exprese sus preocupaciones o no haga preguntas sobre su tratamiento, lo que puede llevar a malentendidos y a una adherencia deficiente a las recomendaciones médicas. La comunicación unidireccional dificulta la creación de un vínculo de confianza, esencial para una atención de calidad.

Además, la relación autoritaria puede impactar negativamente en la salud mental del paciente. Sentirse impotente o desinformado puede aumentar la ansiedad y el estrés, lo que a su vez puede complicar su recuperación. Los pacientes que experimentan una relación de este tipo pueden sentir que su dignidad y autonomía están comprometidas, lo que puede llevar a una falta de motivación para participar en su propio cuidado. La empatía y la comprensión son fundamentales para ayudar a los pacientes a enfrentar sus problemas de salud, y la relación autoritaria a menudo carece de estos elementos.

Relación colaborativa

La relación colaborativa entre médicos y pacientes es un enfoque fundamental en la atención sanitaria moderna. Este modelo se basa en la premisa de que ambos actores, el profesional de la salud y el paciente, deben trabajar juntos para alcanzar objetivos comunes en el tratamiento y la gestión de la salud. Esto implica que el médico no solo actúa como un experto que brinda instrucciones, sino que también escucha y considera las experiencias, preferencias y valores del paciente. Este tipo de interacción fomenta un sentido de pertenencia y empoderamiento en el paciente, lo cual es crucial para su bienestar.

En una relación colaborativa, la comunicación juega un papel esencial. Los médicos deben ser capaces de establecer un diálogo abierto y honesto con sus pacientes, lo que incluye explicar diagnósticos, tratamientos y pronósticos de manera clara y comprensible. A su vez, los pacientes tienen la responsabilidad de expresar sus inquietudes, síntomas y expectativas de manera efectiva. Esta bidireccionalidad en la comunicación no solo mejora la relación interpersonal, sino que también contribuye a una mejor toma de decisiones compartida, lo que puede llevar a resultados de salud más positivos.

Además, la colaboración se extiende más allá de la consulta individual. Los médicos pueden involucrar a otros profesionales de la salud, como enfermeras y terapeutas, en el proceso de atención. Esto crea un equipo multidisciplinario que aborda las necesidades del paciente desde diferentes ángulos. Los pacientes, al ser parte activa de este equipo, pueden sentir que su voz es escuchada y que sus necesidades son atendidas de manera integral. Este enfoque holístico es clave para abordar problemas de salud complejos y crónicos, donde la intervención de múltiples especialistas puede ser necesaria.

La educación también es un componente crítico de la relación colaborativa. Los médicos deben proporcionar a sus pacientes información adecuada sobre su condición y opciones de tratamiento, pero también es importante que los pacientes se informen sobre su salud. Esto puede incluir investigar sobre enfermedades, tratamientos y estilos de vida saludables. Cuando ambos, médicos y pacientes, están bien informados, se establece un vínculo de confianza que es esencial para una colaboración efectiva. Un paciente que comprende su situación es más propenso a seguir las recomendaciones médicas y a participar activamente en su propio cuidado.

Relación centrada en el paciente

La relación centrada en el paciente es un enfoque que coloca al individuo en el centro del proceso de atención médica. Este modelo reconoce la importancia de entender al paciente no solo como un portador de síntomas, sino como una persona con necesidades, expectativas y valores únicos. En este contexto, se busca fomentar una comunicación abierta y honesta entre el médico y el paciente, lo que permite una mejor comprensión de los problemas de salud y una colaboración más efectiva en la toma de decisiones.

Uno de los aspectos fundamentales de esta relación es la empatía. Los profesionales de la salud deben esforzarse por comprender las emociones y preocupaciones de sus pacientes. Al escuchar activamente y mostrar interés genuino por el bienestar del paciente, se crea un entorno propicio para el intercambio de información. Este tipo de comunicación no solo mejora la satisfacción del paciente, sino que también puede influir positivamente en los resultados clínicos. La empatía se traduce en una atención más personalizada y adaptada a las necesidades específicas de cada persona.

Otro elemento clave en una relación centrada en el paciente es la capacitación de los profesionales de la salud. Los estudiantes de medicina y los trabajadores de la salud deben recibir formación no solo en aspectos técnicos, sino también en habilidades interpersonales. Esto incluye el desarrollo de competencias en la comunicación, la resolución de conflictos y la gestión de la relación con el paciente. Al integrar estas habilidades en su educación, los futuros profesionales estarán mejor preparados para establecer relaciones significativas y efectivas con sus pacientes. La relación cooperativa guiada es la que se establece con pacientes que están en condiciones de cooperar en su diagnóstico y tratamiento, como ocurre en algunas.

Se ha argumentado que la asistencia sanitaria no se realiza en la intimidad de un encuentro entre dos, sino que de alguna manera se hace presente la sociedad en ella; no solo participa el "médico" (como persona auxiliar o persona capaz de prestar ayuda sanitaria) y "enfermo", que no siempre el que acude está enfermo por eso se opta por otros términos como, cliente o paciente; sino también se ve involucrado acompañantes del paciente (familia, amigos, parejas, amantes) quienes cobran protagonismo en esta relación, un ejemplo de esto son pacientes que han sido diagnosticados cáncer, algún procedimiento quirúrgico con alto riesgo, pacientes con VIH/SIDA o una simple prueba de embarazo que arroja positiva, en la que el paciente, tiene que decidir: abortar o tenerlo. Situaciones en las que se necesita de un apoyo social para decidir la mejor opción.

El paciente no es siempre el victimario o el que juega un rol pasivo, al contrario, es el protagonista, el activo, el que tiene o debe tener la obligación de afrontar la situación de salud respecto a su enfermedad. Van a consulta a escuchar la opinión del experto y sobre eso tomar decisiones teniendo como objetivo la sanación o calidad de vida.

Pero ¿qué pasa ante esta situación?, suena muy controversial, cuando "salud–enfermedad" juega en contra de sus intereses personales, ya sea, económicos, interpersonales o intrapersonales se pierde ese objetivo cayendo en la negación o incluso desinterés.

Es evidente que la relación médico-paciente, en sí misma aporta una mejoría terapéutica indiscutible, acompañado el sufrimiento y el bienestar, mejorando la orientación diagnóstica y reduciendo la necesidad de pruebas complementarias. También contribuye de forma importante a una mayor y más consciente adherencia del paciente al tratamiento, una vez que éste se siente implicado y acompañado en la toma de decisiones. Sin embargo, la importancia de esta relación va mucho más allá de la visión utilitarista. Comprende, en sí misma, el valor como elemento de intersubjetividad en la generación del conocimiento y como elemento humanizado. Es un acto de reconocimiento del otro como agente, es decir, sujeto con capacidad, moral y lógica.

¿Qué pasa con los nuevos avances en la medicina?, cuando se pierde esta comunicación y capacidad de empatía y no se diga de los avances tecnológicos que interfieren en ella. La práctica clínica se deja a un lado, atrofiando la capacidad o sensibilidad al poder identificar signos y síntomas atribuibles de una enfermedad. Es aquí en donde entra esa controversia, nosotros mismos como médicos somos nuestro pecado o nuestra salvación. Junto con el avance tecnológico que estamos viviendo en el siglo XXI; casas, celulares, computadoras, coches, bancos etc. También la ciencia médica ha evolucionado y con ello la forma clínica de impartir la medicina. Es decir, las exigencias de la sociedad junto con el avance tecnológico han hecho que el médico sea multidisciplinario, no solo en el conocimiento médico sino también, en el ámbito administrativo, y compañeros que han impartido este bello arte en los lugares más rurales no me dejarán mentir, financiero, político y legal y con ello la violencia contra la profesión.

La telemedicina se define como el uso de tecnologías de la información y la comunicación para proporcionar servicios de salud a distancia. Esta práctica permite que médicos y pacientes interactúen sin la necesidad de estar físicamente en el mismo lugar. A través de plataformas digitales, se pueden realizar consultas, diagnósticos y seguimientos, facilitando el acceso a la atención médica, especialmente en situaciones donde la movilidad es limitada o en regiones donde la oferta de servicios es escasa.

Uno de los aspectos clave de la telemedicina es su capacidad para superar barreras geográficas. En países con poblaciones dispersas o en comunidades rurales, acceder a un médico especializado puede ser un desafío considerable. La telemedicina permite que los pacientes se conecten con profesionales de la salud a través de videollamadas, chats o incluso aplicaciones móviles, asegurando que todos tengan la oportunidad de recibir atención adecuada, independientemente de su ubicación. Además de la accesibilidad, la telemedicina ofrece comodidad al paciente. Las consultas en línea eliminan la necesidad de desplazamientos, lo que ahorra tiempo y recursos.

Los pacientes pueden programar citas desde la comodidad de su hogar, lo que es especialmente ventajoso para aquellos con horarios laborales complicados o responsabilidades familiares. Esta flexibilidad no solo mejora la experiencia del paciente, sino que también puede aumentar la adherencia a los tratamientos y seguimientos recomendados. El objetivo de implementar la telemedicina es brindar atención médica a lugares en donde es difícil acceder (ya sea por falta de caminos, falta de centros de salud, falta de equipos, médicos especializados o incluso predominio de violencia) reduciendo, costos de traslado y tiempo para proporcionar un servicio médico más completo, pero ¿Qué implica esto?

Como ya lo hemos visto, esto perjudica de forma directa en la relación *médico-paciente*. Desde el momento en el que paciente entra al consultorio, el "ojo clínico" o sensibilidad que el médico va adquiriendo durante su vida clínica, se pone en marcha, la forma de caminar, la forma de expresar su dolencia, la gesticulación, uso de lenguaje, es decir la comunicación no verbal. En general es analizada y a veces muy característica de ciertos perfiles patológicos a veces sin ni siquiera pasa aún a la parte de la exploración física.

En 7 de septiembre del 2001, los medios de comunicación se hicieron eco de la primera intervención quirúrgica transatlántica realizada por el Dr. Jacques Marescaux, cirujano que manipulando remotamente desde Nueva York el brazo de un robot situado en un quirófano de Estrasburgo, a más de 14.000 Km de distancia, extrajo la vesícula biliar de una paciente de 68 años que fue dada de alta a los dos días de la operación.

En este entorno, cada vez más personas, tanto pacientes como trabajadores de la salud, se benefician rutinariamente del uso de servicios de telemedicina para una variedad de aplicaciones. Aunque el concepto de telemedicina puede parecer muy reciente y relacionado con la globalización de las comunicaciones y el desarrollo de Internet, la realidad es que sobre este tema se viene trabajando desde hace algunas décadas. Es importante mencionar que se tiene que hacer un cambio en la docencia del alumno en la Facultad o Instituto médico. En la actualidad, las carreras universitarias deberán propiciar la formación de profesionales portadores de una cultura de aprendizaje continuo, capaces de actuar en ambientes intensivos de la información, con las capacidades indispensables para su búsqueda y procesamiento continuo y crítico y la comunicación con sujetos afines para intercambiar criterios, ideas, recursos y materiales. Estoy segura que el alumno dejará incluso de usar el uniforme blanco, estetoscopio y maletín médico, y ahora será representado por una computadora en donde desde un lugar remoto, se podrá realizar un registro de todos los signos vitales de su paciente para así, llegar a un diagnóstico y con ello el tratamiento.

Realizando una encuesta a miles de médicos generales puedo concluir que existe actualmente una lucha entre médico y pacientes. El médico a nivel institucional es el que da la cara a los familiares de los problemas administrativos (falta de camas, equipo, medicamentos etc.) y termina siendo agredido no solo verbalmente sino físicamente. Y si nos asomamos a la práctica médica de primer contacto, el médico que se encuentra en su consultorio con la facilidad de tener una farmacia al lado, no solo tiene la responsabilidad de brindar la atención médica sino, como es un negocio, le exigen recetar montos mínimos por receta, medicamentos pronto a caducar, medicamentos que el paciente no requiere para su enfermedad y que incluso ellos mismos saben que no lo necesitan.

¿Cómo saber algo que se supone el experto lo sabe? Viven amenazados por sus patrones, viven con miedo a no cumplir con las expectativas que su lugar de trabajo exige. Y no basta solo con esto, el paciente mexicano está acostumbrado a exigir, exigir medicamento que ellos mismo se automedican, exigir que se le atienda primero por el simple hecho de haber llegado primero, como cualquier fila del banco, sin estar verdaderamente comprometida su vida. El enfermo vive y acepta un rol de cliente, insatisfecho por la atención ofrecida, pero es un juego a la vez de hipocresía porque aún no acepta ser ese "objeto" de venta pues en automático pierde la etiqueta de "deshumanización". El médico actual vive con la idea de entre más "humilde" tiene más "vocación" tiene. Es una situación de sumisión psicológica que se ha permitido. Si traspolamos los términos mencionados, ¿acaso no estamos ante la misma situación de cualquier servicio al cliente? "El que paga manda". El paciente tiene todo el derecho de quejarse y ¿el medico? Como seres humanos tenemos derecho de alzar la voz, pero somos más juzgados e incluso reprimidos por comentarios como: "¡Tú quisiste ser médico!" "¡Qué falta de humanidad!" o la típica frase "no tienes vocación".

PACIENTE, ENFERMO O CLIENTE

La evolución del paciente a cliente es un fenómeno que refleja los cambios en la dinámica de la atención médica y la percepción del rol del individuo en el sistema de salud. Tradicionalmente, el paciente era visto como una figura pasiva, dependiente de las decisiones y diagnósticos del médico. Sin embargo, en las últimas décadas, se ha producido un cambio significativo hacia una visión más activa y participativa. Este cambio ha sido impulsado por el acceso a la información, el empoderamiento del paciente y la creciente importancia de la experiencia del cliente en el ámbito de la salud.

Uno de los factores clave en esta evolución ha sido la revolución digital. Con la llegada de Internet y las redes sociales, los pacientes tienen acceso a una cantidad sin precedentes de información sobre su salud y tratamientos. Esta disponibilidad de datos ha permitido a los pacientes informarse sobre sus condiciones, comparar opciones y, en muchos casos, incluso participar en la toma de decisiones sobre su tratamiento. Este cambio ha llevado a una mayor demanda de personalización en la atención médica, donde los pacientes esperan ser tratados no solo como enfermedades, sino como individuos con necesidades y preferencias específicas. Además, la transformación del paciente en cliente ha sido fomentada por un enfoque en la calidad del servicio y la experiencia del usuario. En un entorno donde los sistemas de salud compiten por atraer y retener a los pacientes, la satisfacción del cliente se ha convertido en un indicador crucial del éxito. Los profesionales de la salud, incluyendo médicos, enfermeras y administradores de hospitales, están cada vez más conscientes de que ofrecer una atención centrada en el paciente no solo mejora los resultados de salud, sino que también es esencial para mantener la lealtad y la confianza del paciente.

La figura del paciente como cliente también ha llevado a un cambio en la forma en que se abordan temas como la comunicación y la empatía en la atención médica. Los trabajadores de la salud deben desarrollar habilidades interpersonales y de comunicación que les permitan conectar con los pacientes de manera más efectiva. Esto incluye escuchar activamente, comprender las preocupaciones del paciente y ofrecer información clara y accesible. La perspectiva del cliente en el ámbito de la salud es fundamental para entender y mejorar la calidad del cuidado médico. Esta visión permite a los profesionales de la salud reconocer que los pacientes no son solo receptores pasivos de tratamientos, sino individuos con experiencias, emociones y expectativas que influyen en su proceso de curación. Al considerar la perspectiva del cliente, se fomenta una relación más empática y colaborativa entre médicos, enfermeros y pacientes, lo que a su vez puede conducir a mejores resultados en la salud.

La importancia de la perspectiva del cliente radica en la capacidad de adaptar los servicios de salud a las necesidades y preferencias de quienes los reciben. Cada paciente tiene un contexto único que incluye factores culturales, sociales y económicos que afectan su experiencia y comprensión de la enfermedad. Al integrar estas variables en la atención médica, se logra no solo una mejor adherencia a los tratamientos, sino también una mayor satisfacción del paciente. Esto es especialmente relevante en un entorno donde la medicina personalizada se convierte en una tendencia creciente.

Además, comprender la perspectiva del cliente permite a los profesionales de la salud identificar áreas de mejora en el sistema de atención. Los comentarios y experiencias de los pacientes pueden ofrecer información valiosa sobre la eficacia de los tratamientos, la accesibilidad de los servicios y la calidad del trato recibido. Este feedback es esencial para implementar cambios que beneficien a todos los involucrados en el proceso de atención, desde los médicos hasta los administradores de salud, creando un ciclo de mejora continua.

La perspectiva del cliente también juega un papel crucial en la educación de los futuros profesionales de la salud. Los estudiantes de medicina y otros trabajadores de la salud deben ser entrenados no solo en aspectos técnicos y científicos, sino también en habilidades interpersonales que les permitan comunicarse eficazmente con los pacientes. La empatía, la escucha activa y la capacidad de entender las preocupaciones del paciente son habilidades que pueden marcar la diferencia en la calidad de la atención. Formar médicos que valoren e integren la perspectiva del cliente en su práctica diaria es un paso fundamental hacia un sistema de salud más humano y efectivo.

El concepto de paciente ha evolucionado significativamente a lo largo del tiempo, adaptándose a los cambios en la práctica médica, la percepción social de la enfermedad y el papel del individuo en su propio proceso de salud. En términos generales, un paciente es una persona que busca o recibe atención médica debido a una condición de salud que requiere diagnóstico, tratamiento o seguimiento. Sin embargo, esta definición se amplía al considerar al paciente como un agente activo en su proceso de cuidado, lo que implica que su participación y experiencia son fundamentales para lograr resultados positivos en su salud.

Las características del paciente pueden ser muy diversas, abarcando factores físicos, emocionales, sociales y culturales. Desde un punto de vista físico, cada paciente presenta un conjunto único de condiciones de salud, antecedentes médicos y necesidades específicas que deben ser evaluadas y atendidas por el equipo de salud. Emocionalmente, los pacientes pueden experimentar una variedad de sentimientos, como ansiedad, miedo y esperanza, que influyen en su percepción de la enfermedad y en su disposición para seguir un tratamiento. Estos aspectos deben ser considerados por los profesionales de la salud para ofrecer un cuidado integral y personalizado.

En la historia de la medicina el referente obligado es la Grecia Clásica porque estableció las bases pre-científicas de la forma de practicar la medicina. Durante medio siglo, aproximadamente, se dedicaron al arte de curar, aportando evidencia sobre cómo debía ser la atención del enfermo. Diagnosticar no era el fin, el médico tenía que considerar el proceso de enfermar, así como geografía, dieta, su relación con el enfermo evaluar la posibilidad de intervenir o no. "Enfermo" se refería al sujeto que enfermó, no al proceso morboso o la patología. La enfermedad era una condición que enfrentaba en su grupo social, no un rol asignado. El médico, parte del grupo social participaba en la construcción colectiva entendida como sanar. Sería ingenuo pensar que, por ser la época de los próceres de la medicina, las acciones para ayudar al otro no eran afectadas por el contexto político, económico, religioso. Los niveles de complejidad que alcanza, sustentan la premisa del *médico-paciente* no es la esencia para aproximarse a la atención como fenómeno sociocultural.

La atención a la salud ha sido objeto de múltiples iniciativas para mejorarla, con la particularidad de colocar la calidad al centro. El Dr. Priego hace unas precisiones sobre estos términos: paciente, necesitado de cuidados (pasivo-vulnerable); usuario simple, vocablo preferencia del argot directivo y cliente término vinculado al mercantilismo. El Sistema de Salud (SS), por otro lado, pasa de un término a otro sin involucrar al sujeto. Cambió de paciente a usuario confiriéndole la cualidad de elegir. Elegir la atención es una idea difusa que asocian al beneficio particular. La prerrogativa del usuario es elegir entre varios productos o servicios, pero, dista de lo real. Pensemos en un derechohabiente; acude a consulta de la institución "A", si la atención no satisface sus necesidades y expectativas, no es libre de buscar atención en otro perteneciente a la institución "B", por la llana razón que "A" recibe sus cuotas, no "B".

La estructura y organización del Sistema de Salud (SS) coarta su elección obligándolo a permanecer donde la atención fue deficiente. La percepción de las deficiencias no es un hecho restringido a los usuarios, el personal de salud la comparte.

Expresa lo insatisfactorio que resulta la forma de atención vigente. Estas condiciones no favorecen la atención, ni impulsan al personal de salud a reflexionar y proponer formas de atención más humanas. Aun empleando la nueva terminología que supone reposicionar al usuario, los problemas de fondo permanecen como la falta de recursos o inobservancia del marco normativo por parte del personal de salud.

El término *usuario* no faculta al individuo a elegir dónde quiere atenderse o tomar decisiones sobre la atención recibida. Su experiencia no mejora cuando el SS le denomina cliente, pero sí lo adscribe al esquema producto-consumo; donde las leyes de mercado regulan la atención y definen el tipo de relación. La salud no se entiende como derecho sino objeto producto del mercado. Esa lógica manda hacerlo atractivo, que responda al mercantilismo.

Así, las Instituciones y personal de salud se convierten en proveedores de servicios y el sujeto en cliente. La lógica del mercado establece que el cliente decide el tipo de servicio que satisfaga sus necesidades. Sin embargo, lo que hace es condicionar los servicios de salud. En ese escenario, la negación del servicio no violenta el derecho a la salud queda en función de la capacidad de pago. El proveedor de servicios pone a disposición del cliente una cartera de productos tan amplia como su capacidad de pago le permita. Es una situación real y vigente, los sujetos no asegurados pueden acudir a una Institución solicitando atención; misma que se brinda previa exhibición del pago inicial.

El acceso a la atención no se da por la derechohabiencia ni por el ejercicio del derecho a la salud sino por mostrar capacidad de pago. El poder penetrante del capitalismo introdujo el mercantilismo al ámbito de la salud, contraviniendo disposiciones del Estado, quien definió la salud como derecho no mercancía, pero, desde el discurso afirmó la calidad como refugio de la política nacional en salud. Usuario y cliente otorgan, sólo en el discurso, otro estatus al sujeto que enfermó.

Lo presentan como uno que tiene más control sobre su atención, pero sólo es parte de una ficción tan elaborada que se confunde con la realidad. La dificultad que implica nombrar al otro radica en que se asociará con el reconocimiento o negación de ciertas cualidades. La atención no será la misma para el paciente, usuario o cliente, aunque sea el mismo sujeto que enfermó. El término paciente además de la definición que implica pasividad que encaja bien en nuestra cultura con aquella persona que funge el rol de ser cuidada o tratada por una persona profesional de la salud; pero este concepto está restringido, ya que omite la dimensión psicológica y social.

Es comúnmente sabido que se dice paciente aquella persona que tiene la virtud de saber esperar, pero hablando etimológicamente la palabra paciente en el área médica quiere decir aquella persona que sufre. Es muy importante tener el conocimiento que el lenguaje está formando una adaptación, y con ello se normalizan ciertas palabras, por lo tanto, esto conlleva a que pueda ser más difícil expresar ideas y opiniones diferentes, rom- per paradigmas, crear nuevas terminologías para llegar a un punto más concreto. Por eso, es importante el término "paciente".

Siguiendo con la charla entre enfermos he encontrado controversias respecto a este término, puesto que es inapropiado para algunos, especialmente cuando se habla en un entorno privado. Es decir, uno deja de ser paciente cuando se tiene que pagar grandes cantidades de dinero por una atención o servicio médico. También los enfermos hacen referencia a esta palabra cuando adquieren algún servicio especialmente en medicina de la reproducción los cuales son procedimientos con alta inversión económica sin alguna garantía. Con esto quiero decir, que actualmente la sociedad ve al paciente en función al dinero, entre menos dinero invierto, más paciente me con- vierto y viceversa. Dentro de este enfoque empresarial hay una línea muy delgada la cual corre el riesgo de perderse el sentido de humanismo y surge como una exigencia de globalización y competitividad en busca de productividad y calidad.

Paul Krugman, Premio Nobel de Economía en el 2011 escribió un artículo donde explica que el acto de recibir cuidados médicos no puede semejar una transacción comercial, empezando por que muchas decisiones médicas se hacen bajo condiciones en las que el paciente está incapacitado, bajo estrés y no se compara con un cliente que va de compras. Con todo esto quiero dejar sobre la mesa el impacto y la importancia que tienen las palabras al momento de nombrar los roles sociales. Las palabras constituyen una parte esencial de nuestro entorno o de la realidad en la que nos desenvolvemos y, por tanto, debemos prestarles una atención muy especial. Propongo hacer consciencia y poder mejorar el sistema de salud con otro enfoque totalmente diferente empezando con mejorar nuestra terminología.

Dejar de romantizar con la figura médica como aquella persona misericordiosa y dejar de lado la parte de sustentabilidad económica que nos puede brindar la profesión. El compromiso del paciente es un pilar fundamental en la construcción de un futuro saludable. En la actualidad, los pacientes han comenzado a asumir un papel más activo en su atención médica, lo que significa que no solo esperan recibir tratamiento, sino que también desean participar en cada etapa del proceso.

Este cambio de paradigma es crucial para promover un enfoque más colaborativo en la salud, donde el paciente se convierte en un aliado valioso para los profesionales de la salud. La educación y la información son herramientas clave que permiten a los pacientes entender mejor sus condiciones y tomar decisiones informadas sobre su tratamiento.

Para lograr un compromiso efectivo, es vital que los pacientes se sientan empoderados y respaldados. Esto implica que los médicos y trabajadores de la salud deben fomentar un ambiente de confianza y comunicación abierta. Los profesionales deben estar dispuestos a escuchar las inquietudes y preguntas de sus pacientes, explicando de manera clara los diagnósticos, los tratamientos disponibles y sus posibles efectos secundarios. Un diálogo constructivo no solo mejora la relación *médico-paciente*, sino que también aumenta la adherencia a los tratamientos y la satisfacción general del paciente con su atención. El autocuidado es otro aspecto fundamental del compromiso del paciente. Adoptar hábitos saludables, como una dieta equilibrada, ejercicio regular y la gestión del estrés, puede tener un impacto significativo en la salud general de un individuo. Los pacientes deben ser animados a establecer metas realistas y a monitorear sus progresos. Esto no solo contribuye a su bienestar físico, sino que también fortalece su autoestima y les ayuda a desarrollar un sentido de responsabilidad hacia su salud. La educación sobre autocuidado debe ser parte integral de la atención médica, proporcionando a los pacientes las herramientas necesarias para gestionar su salud de manera efectiva.

La tecnología también juega un papel esencial en el compromiso del paciente. Las aplicaciones de salud, los portales de pacientes y los dispositivos de monitoreo han facilitado el acceso a la información y han permitido a los pacientes seguir más de cerca su salud. Gracias a estas innovaciones, los pacientes pueden realizar un seguimiento de sus síntomas, recordar tomar sus medicamentos y comunicarse fácilmente con sus proveedores de atención médica. Esta interconexión no solo aumenta la transparencia en el cuidado, sino que también permite a los pacientes sentirse más involucrados y responsables de su proceso de recuperación.

EL NEGOCIO DE LA MEDICINA

La práctica médica, más allá de ser una disciplina científica, se rige por principios éticos fundamentales que buscan garantizar el bienestar del paciente y el ejercicio responsable de la profesión. Estos principios son la autonomía, la beneficencia, la no maleficencia y la justicia. Cada uno de estos conceptos juega un papel crucial en la toma de decisiones médicas y en la relación entre el profesional de la salud y el paciente. Comprender y aplicar estos principios es esencial para todos los involucrados en el ámbito de la medicina, ya que sientan las bases para un ejercicio profesional ético y responsable.

La autonomía se refiere al derecho del paciente a tomar decisiones informadas sobre su salud y tratamiento. Esto implica que los médicos deben proporcionar información clara y comprensible sobre diagnósticos, opciones de tratamiento y posibles consecuencias. Fomentar la autonomía no solo respeta la dignidad del paciente, sino que también fortalece la relación médico-paciente, creando un ambiente de confianza. En un contexto donde la medicina se ha convertido en un negocio, es fundamental que los profesionales de la salud prioricen esta autonomía por encima de consideraciones económicas. La beneficencia y la no maleficencia son dos principios que deben ir de la mano en la práctica médica. La beneficencia se refiere a la obligación de actuar en el mejor interés del paciente, promoviendo su bienestar y salud. Por otro lado, la no maleficencia exige que los médicos eviten causar daño al paciente.

Estos principios son especialmente relevantes en situaciones donde las decisiones médicas pueden tener consecuencias significativas, como en tratamientos invasivos o en la administración de medicamentos. La ética médica requiere una evaluación cuidadosa de los riesgos y beneficios, asegurando que el enfoque del médico sea siempre hacia la mejora de la salud del paciente.

El principio de justicia se relaciona con la equidad en el acceso a la atención médica y la distribución de recursos. En un sistema de salud que a menudo se ve influenciado por factores económicos, es crucial que los profesionales de la salud aboguen por una atención justa y equitativa para todos los pacientes. Esto implica no solo ofrecer un tratamiento adecuado, sino también luchar contra las desigualdades que pueden existir en el sistema de salud. La ética en la práctica médica exige que cada paciente reciba la atención que necesita, independientemente de su situación socioeconómica.

Se entiende por negocio a la actividad, ocupación que tiene como fin tener una ganancia, por lo tanto, se encuentra implícitamente el interés comúnmente de forma bivalente. A esta ganancia se le denomina utilidad. Partiendo de lo anterior, indudablemente la salud es un negocio enormemente lucrativo donde se involucra una diversidad de industrias, que incluyen a: las compañías farmacéuticas, los hospitales, la industria de materiales de curación, la de instrumentos quirúrgicos, la de insumos (guantes, batas, cubrebocas, sondas, etc.), las empresas que desarrollan tecnologías diagnósticas (imagenología, electrocardiografía, endoscopia, etc.), los laboratorios clínicos, las empresas relacionadas con la actualización y educación médica (escuelas, libros, revistas médicas, diplomados, congresos, etc.), las compañías aseguradoras, y por supuesto el personal que cada empresa requiere. El negocio de la salud, propiamente dicho, es pragmático, esto significa que debe de producir utilidades (lo que indica que no existe lugar para el humanismo, ni el buen corazón y mucho menos la caridad), se encuentra al médico como pieza fundamental del engranaje y al que, por el hecho de ser médico, se le atribuye y se le exige, tener las tres prerrogativas mencionadas: humanismo, buen corazón y caridad; la otra pieza fundamental en esta maquinaria es el paciente.

Al menos desde Platón existe el concepto del "Verdadero Médico", que indica que: "Ningún médico debe considerar su propio bien en lo que prescribe, sólo el bien del paciente, ya que el verdadero médico no es meramente un comerciante"; sin embargo es el mismo Platón quien especifica: "Ninguno en su propia libertad, elige tomar los problemas de otros para corregirlos, sin esperar pago por ello", de acuerdo a lo anterior el médico generalmente recibe un pago por sus servicios, existiendo de fondo un conflicto de intereses, ya que a la medicina la mueven (en su forma más noble) los ideales, sin embargo, como *modus vivendi* del médico tiene muchos aspectos de negocio. La manera en que el médico recibe sus honorarios, incluye actualmente, tres formas diferentes: El pago por evento, llámese consulta, intervención, etc., lo que implica el pago directo del paciente; en esta forma el médico tiene la libertad de decidir el valor económico en que tabula su trabajo, tiene además la libertad de modificar dicho valor de acuerdo a las características y situación económica del paciente y solicita los estudios de laboratorio y gabinete que considera necesarios para apoyar el diagnóstico y el tratamiento, así mismo, prescribe lo pertinente, según su juicio, en el caso particular.

El pago al médico como empleado asalariado, en donde independientemente del volumen (poco, regular o mucho) y de la dificultad o especialización que éste implique, el médico tiene un salario predeterminado por un contrato específico, en esta forma el médico se ve limitado a las normas que la institución empleadora dicte en cuanto a uso de procedimientos diagnósticos, y a su vez, se limita su terapéutica a la establecida en el cuadro básico que la institución señala; las ventaja son: incentivos, prestaciones, caja de ahorros, aguinaldo, y pago por jubilación.

Por último, dado que la medicina es el *modus vivendi* (modo de ganarse la vida) del médico, este puede llegar a contaminarse con el afán de lucro, principalmente cuando no se cuenta con bases éticas bien cimentadas, y caer en alguna de las situaciones siguientes:

❖ Pensar en el paciente como sujeto de cobro antes de pensar en su problema.
❖ Cobro exagerado porque el paciente es figura pública o persona adinerada.
❖ Realizar actos médicos con el fin de lucro.
❖ Tratar al paciente de más o de menos.
❖ En no tratar igual porque el paciente paga menos.
❖ En no tratar igual por condición social.
❖ En no derivar el paciente a tiempo.
❖ En el cobro por derivar pacientes.
❖ En engañar sobre gravedad de la enfermedad.
❖ En la venta de medicamentos a nivel de consultorio
❖ En la venta de medicamentos secretos.
❖ En prostituirse con laboratorios, gabinetes y/o casas farmacéuticas.

- En publicar verdades a medias.
- En apoyar las bondades de un producto cuando se reciben regalías.
- En manejar un producto de calidad inferior al adecuado.
- En realizar procedimientos quirúrgicos o armados en sitios inadecuados con incremento del riesgo del paciente.
- En tratar más allá de las capacidades.
- En manejar áreas de la medicina diferentes a la especialidad con que se cuenta
- En no actualizarse ni certificarse.
- En transformarse en médico y /o cirujano nómada.

En el Simposium Internacional sobre Calidad y Asistencia Sanitaria celebrado en Madrid el mes de septiembre de 1997, el doctor Bernard Lown, profesor de cardiología de la Universidad de Harvard y médico en ejercicio del Brigham and Women's Hospital, dijo lo siguiente:

La medicina está en su mejor momento tecnológico, pero también en crisis: ha perdido su lado humano. Los médicos han dejado de ser "sanadores" involucrados y preocupados por sus pacientes, para pasar a ser científicos alejados de ellos.

Dentro de los pilares del sistema político-social, se encuentra la salud. Es de máxima prioridad poder brindar a los ciudadanos un sistema de salud sustentable para la población. Pero como hemos aprendido con la pandemia COVID 19, la única posibilidad de que el mundo se detenga, es a causa de una crisis sanitaria que ponga en peligro la salud de la humanidad entera. El único medio para golpearla economía mundial es a través de un problema de salud. Así de grande es la importancia de este sistema. Entonces podemos decir que el sistema salud, tiene una fuerte relación con el sistema económico.

La aplicación del marketing en la gestión de los servicios de salud ayudaría enormemente a una mejor utilización de los recursos porque, si se hace correctamente, proporciona siempre una concreta y específica disminución en los costos. Aun siendo eso muy importante, lo más significativo es que sin él, y al margen de que lo esencial es el cumplimiento de los criterios y requerimientos de la ciencia médica, difícilmente pueden alcanzarse los objetivos que se espera para lograr dichos servicios.

Corren tiempos en los que las instituciones y los profesionales sanitarios, que no actúen en concordancia con lo que realmente debe hacerse para dar satisfacción a las demandas y necesidades de los pacientes, nunca lograrán que su labor produzca toda la utilidad que debiera producir tanto a los pacientes como a ellos mismos. No puede existir el uno si no está presente el otro. Para empezar, hay que separar dos cosas que para mí son fundamentales: **promover salud y vender salud**.

Durante los años de la primera revolución industrial el objetivo fundamental de las empresas fue maximizar el beneficio económico porque, en aquellos momentos, resultaba necesario conseguir con los recursos que se tuvieran disponibles la máxima rentabilidad económica para el capital invertido. Para ello se implementa el marketing, que es el conjunto de técnicas o estrategias para optimizar más un producto dentro del mercado comercial.

Lambin y Peeters distinguen cuatro fases o etapas en la evolución experimentada por el sistema económico en relación al Marketing: **etapa inicial (Fase I)** en la que la función de marketing consistió en crear interés por la organización y sus servicios, **etapa de impulso (Fases II y III)** la función de marketing consiste en transformar el interés general en ventas (hacer promesas), para finalmente caer en la **etapa consumo (Fase IV)** en la que se requiere crear "nuevas ventas", acometer ventas cruzadas y sellar relaciones duraderas con el cliente (cumplir las promesas), con esto, habría un choque conceptual y ético.

Difícilmente el personal de salud puede garantizar el bienestar de una persona. Si realizamos una encuesta con las personas que se encuentran en nuestro alrededor y les preguntamos qué entienden por marketing, lo más normal será que su respuesta inmediatamente esté relacionada con la acción de venta, con la promoción o con la publicidad. Eso tiene una explicación sencilla: es comúnmente sabido que se tiene la idea de que el marketing es una categoría más de la función comercial y tal idea, aunque encierra una parte de verdad, no es toda la verdad. Con base en el punto anterior, podemos concluir que el concepto de marketing es en realidad un enfoque de la gestión empresarial.

El servicio sanitario comparte la especial problemática que es inherente a la mayoría de los servicios profesionales: en el momento de decidir por parte del usuario la satisfacción de una necesidad, la expectativa adquiere grado de excelencia o un rango mínimo de error. La ciencia económica dice que el hombre es "un ser de necesidades que persigue satisfacerlas". Ahora bien, conviene aclarar que en el terreno económico se entiende por "necesidad" algo más que una mera sensación de carencia. Así, por ejemplo, puede oírse decir a un economista que un dipsómano tiene "necesidad" de alcohol o que un drogadicto cocainómano la tiene de cocaína, cuando lo natural sería escucharle que tanto el uno como el otro de lo que tienen necesidad es de desintoxicarse y rehabilitarse para no poner en peligro su vida. ¿Por qué sucede esto? Porque para el economista el concepto de "necesidad" no se limita a las sustancias que objetivamente proporcionan un beneficio al organismo, sino que se limita a apreciar que la "necesidad" de uno es el alcohol y la del otro la cocaína, pues le basta comprobar que un individuo desea alcohol o cocaína (con independencia de que tales sustancias le perjudiquen) para decir que dichos individuos tienen esta o aquella necesidad.

Las necesidades son realmente subjetivas, ya que existen diferentes tipos y con ellas diferentes grados de prioridad, dentro de ellas se encuentran las "necesidades materiales" y "necesidades espirituales", "necesidades primarias" y "necesidades secundarias", etc. Como menciono, la única distinción posible reside en la distinta intensidad con que el individuo siente las necesidades, ya que sólo él puede ser juez en orden a la preferencia de su satisfacción.

Nuestro fin como especie que somos es poder abastecer las necesidades empezando por las necesidades mínimas de cada individuo para poder vivir, o sobrevivir dependiendo del caso. Para esto hablaré del ya conocido Maslow quien ejemplifica éstas necesidad con una pirámide llamada "Jerarquía de las necesidades humanas" en donde se divide en 5 grupos:

PIRÁMIDE DE MASLOW

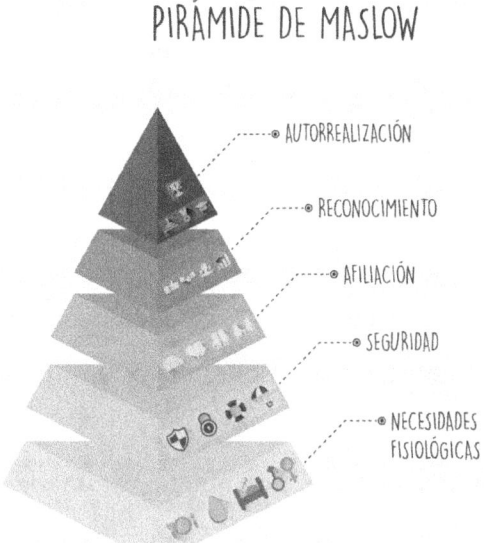

Necesidades fisiológicas.

1) Seguridad.

2) Afiliación.

3) Reconocimiento.

4) Autorrealización.

Esta pirámide es usada y abusada dentro del mundo del marketing. Para ejemplificar esto, supongamos que es- tamos a punto de comprar un auto porque el transporte público de nuestra ciudad es lento, y para ello requiere que preveamos más tiempo, tiempo que pudiésemos invertir quizá en horas de sueño. Esa situación hace que tengamos la necesidad de movernos con mayor autonomía. Pero, ¿qué pasa cuando estamos en la situación de elegir entre un auto Chevrolet y un auto Honda suponiendo que ambos tienen el mismo costo? El Chevrolet satisface la necesidad "básica" de moverse por la ciudad al igual que el Honda, pero el Honda satisface, además otras necesidades; la de aceptación social y autoestima. Otro ejemplo, y tomando a la reina de mercado, Coca-Cola. Por su naturaleza pertenecerá al escalón más bajo de la pirámide, pues quita la sed. Sin embargo y con el uso del marketing en la publicidad, espectaculares, campañas de promoción y comerciales televisivos potencializa la amistad, aceptación y permanencia a un grupo social, cualidades que satisfacen el tercer escalón de la pirámide.

Aunque no sólo Maslow ha sido el único que ha estudiado las necesidades y autorrealización del hombre, psicólogos científicos como Frederick Irving Herzberg propuso la teoría de los dos factores, la cual también es conocida como la Teoría de la motivación e higiene en donde los seres humanos están influenciados por dos factores principales: la satisfacción y la insatisfacción. En la primera es el resultado de los factores de motivación los cuales ayudan a aumentar el sentimiento de satisfacción del hombre inhibiendo así la insatisfacción. Un ejemplo de estos factores son los logros, el reconocimiento, la independencia laboral. La segunda, es principalmente el resultado de higiene, los cuales son representados por ejemplo como el sueldo, relaciones entre compañeros de trabajo, ambiente físico status, seguridad laboral, crecimiento, madurez etc.

Otro personaje que propone una nueva construcción sobre la autorrealización del hombre es Clayton Aderfer quien propone que las necesidades básicas del hombre están construidas por: existencia, relación y crecimiento. La existencia son las necesidades que abarcan tanto necesidades materiales y fisiológicas como comer y dormir, tener el suficiente ingreso económico para adquirir ropa calzado etc. Relación que es construida por las necesidades sociales del individuo. En esta parte podríamos poner como ejemplo relaciones apropiadas con la familia, amigos compañeros de trabajo etc. Y por último está el crecimiento, aquí se encuentran las necesidades del individuo para alcanzar la realización personal. Podemos poner como ejemplo terminar una carrera profesional, emprender un negocio.

A modo de conclusión podemos decir, las necesidades y con ello las prioridades que cada persona tenga van en función al estado de salud. No es lo mismo una persona que tiene la necesidad de realizarse hemodiálisis dos veces a la semana que una mujer que asiste a consulta para realizarse un papanicolaou de control. El lugar en donde se decida realizar este tipo de servicios y la inversión (más no gasto) depende de esta necesidad.

Retomando el ejemplo, el costo de una sesión de hemodiálisis oscila entre los $1,500 pesos mexicanos multiplicados por las sesiones requeridas, y esto sobre una línea de tiempo indeterminada. En cambio, la mujer del papanicolaou hace una inversión única anual como máximo. La publicidad médica puede adoptar diversas formas, desde anuncios en medios impresos y digitales hasta campañas en redes sociales. Es vital que los mensajes sean claros, éticos y basados en evidencia científica. La capacidad de transmitir información precisa y relevante puede ayudar a aumentar la visibilidad de un profesional o una institución, atrayendo así a más pacientes. Sin embargo, es importante tener en cuenta que la regulación en este ámbito es estricta, y los anunciantes deben adherirse a las normativas que rigen la publicidad médica para evitar la desinformación y garantizar la protección del paciente.

El uso ético de la publicidad y las relaciones públicas en el ámbito médico no solo beneficia a los profesionales y las instituciones, sino que también empodera a los pacientes al proporcionarles información clara y accesible. Un enfoque centrado en el paciente, que priorice su bienestar y necesidades, es esencial en la práctica médica moderna. Al comprender y aplicar correctamente estas herramientas, los estudiantes de medicina y trabajadores de la salud pueden contribuir a una comunicación más efectiva y enriquecedora en el sector salud, promoviendo así una sociedad más informada y saludable.

EL NEGOCIO DE LA MEDICINA ESTÉTICA

La medicina estética se define como una rama de la medicina dedicada a mejorar la apariencia física del paciente a través de procedimientos no invasivos o mínimamente invasivos. Su objetivo principal es restaurar, mantener y promover la estética corporal, abordando preocupaciones que van desde el envejecimiento de la piel hasta la forma del cuerpo. Este campo ha evolucionado significativamente a lo largo de las últimas décadas, impulsado por avances tecnológicos y un cambio en la percepción social sobre la belleza y la salud.

La evolución de la medicina estética se remonta a prácticas antiguas donde se utilizaban ingredientes naturales para mejorar la piel y la apariencia. Civilizaciones como la egipcia, griega y romana ya empleaban técnicas de embellecimiento y cuidado personal. Sin embargo, fue en el siglo XX cuando la medicina estética comenzó a tomar forma como una disciplina médica formal. La introducción de técnicas quirúrgicas y la aparición de productos como el Botox marcaron un antes y un después en el ámbito estético. Durante los años 80 y 90, la medicina estética experimentó un auge notable con la incorporación de tratamientos como la liposucción y la cirugía de aumento de senos. Al mismo tiempo, los avances en tecnología láser comenzaron a ofrecer nuevas soluciones para problemas cutáneos, como manchas y arrugas. Estos desarrollos llevaron a una mayor aceptación de los procedimientos estéticos, tanto en hombres como en mujeres, quienes comenzaron a buscar intervenciones que les permitieran mejorar su bienestar emocional y autopercepción. En el siglo XXI, la medicina estética ha continuado su evolución, centrando su atención en enfoques más integrales y personalizados. Se ha incrementado el interés por los tratamientos que no solo mejoran la apariencia, sino que también promueven la salud general del paciente. Esto ha llevado al desarrollo de técnicas como la medicina regenerativa, que utiliza células madre y factores de crecimiento para rejuvenecer la piel y otros tejidos.

La combinación de estética y salud ha derivado en la formación de una nueva generación de profesionales que integran ambos campos en su práctica diaria. Hoy en día, la medicina estética no solo se limita a procedimientos quirúrgicos, sino que abarca un amplio espectro de intervenciones que van desde tratamientos tópicos y nutrición hasta terapias hormonales y de estilo de vida. Este enfoque holístico es fundamental para entender la evolución de la medicina estética, que busca no solo mejorar la apariencia, sino también contribuir al bienestar general del paciente. A medida que avanza la ciencia y la tecnología, es esencial que estudiantes, médicos y trabajadores de la salud se mantengan informados sobre las últimas tendencias y desarrollos en este dinámico campo.

La importancia de un enfoque integral en la salud radica en la comprensión de que el bienestar humano no se limita únicamente a la ausencia de enfermedades, sino que abarca dimensiones físicas, emocionales, sociales y espirituales. En el contexto de la medicina estética, este enfoque se vuelve aún más relevante, ya que los tratamientos y procedimientos suelen estar intrínsecamente ligados a la percepción de uno mismo y a la autoestima. Los profesionales de la salud, así como los pacientes, deben reconocer que la estética y la salud son interdependientes y que un tratamiento eficaz debe considerar todas estas facetas. Esto significa que, además de realizar un diagnóstico físico, se debe prestar atención a factores emocionales y psicológicos que pueden influir en la salud general del individuo. Por ejemplo, la ansiedad y la depresión pueden tener un impacto significativo en cómo un paciente percibe su apariencia y, en consecuencia, en su disposición a someterse a tratamientos estéticos. Al abordar la salud desde una perspectiva más amplia, se pueden diseñar planes de tratamiento que no solo mejoren la apariencia exterior, sino que también fomenten un mayor bienestar emocional. Es común afirmar que el concepto actual de belleza debe mucho a los modelos de la Grecia clásica y el cuál se formó básicamente durante el Renacimiento.

Anton Ford, hace un análisis del significado belleza *"lo que es a la vez deseable por sí mismo y merecedor de elogio, o lo que complace porque es bueno"* Los griegos antiguos asociaban la belleza humana con el deseo erótico, y lo mismo hacemos nosotros en ciertos contextos.

Tomando como base el origen de esta palabra, y sumando las ideas de la mercadotecnia y de la industria moderna podemos hilar estos términos en algo que pareciera que se emparenta con el campo de la medicina estética. Friedrich Nietzsche en su libro "aprendiendo filosofía a martillazos" menciona: lo feo es entendido como señal o síntoma de la degeneración; todo lo que siquiera remotamente sugiere degeneración determina en nosotros el juicio "feo". Todo indicio de agotamiento, de pesadez, de vejez y cansancio; toda clase de coerción, bajo forma de espasmo o paralización; en particular, olor, color y forma de la desintegración, de la podredumbre, aunque sea en su dilución última en símbolo.

Desde una perspectiva médica, la medicina estética se encuentra en una encrucijada entre la salud y la belleza. Aunque algunos críticos cuestionan si realmente debe considerarse como parte de la medicina, es innegable que muchos de los tratamientos estéticos tienen un impacto positivo en la salud mental y emocional de los pacientes. La mejora de la apariencia puede contribuir a una mayor confianza en uno mismo, lo que a su vez puede influir en la calidad de vida y en las interacciones sociales. De esta manera, la medicina estética no solo se enfoca en el aspecto físico, sino que también aborda el bienestar integral del individuo.

La ética en la medicina estética es otro aspecto crucial que merece atención. A medida que esta disciplina continúa expandiéndose, surge la necesidad de establecer normas y pautas claras que garanticen la seguridad y el bienestar de los pacientes. Los profesionales de la medicina estética deben actuar con responsabilidad, asegurándose de que sus tratamientos sean siempre realizados con el consentimiento informado del paciente y en un entorno seguro. Además, es esencial que los médicos se mantengan actualizados sobre las mejores prácticas y los avances en el campo para ofrecer servicios de calidad que no comprometan la salud del paciente.

En comparación con la cirugía plástica, la medicina estética ofrece una alternativa menos invasiva para aquellos que desean realizar cambios en su apariencia. Mientras que la cirugía plástica a menudo implica procedimientos quirúrgicos complejos y un periodo de recuperación significativo, muchos tratamientos estéticos pueden realizarse en consultas breves y sin necesidad de anestesia general. Esta diferencia ha llevado a un aumento en la popularidad de la medicina estética, ya que más personas buscan soluciones rápidas y efectivas que se ajusten a sus estilos de vida ocupados.

La adolescencia es un período de mucha vulnerabilidad ante la autopercepción. En ella, ocurren diferentes cambios biológicos, sociales y psicológicos. Buscando la identidad del yo y con ello, genera sensación de dura, miedos y sobre todo inseguridad. Estos cambios provocan la necesidad de la máxima aceptación social. La imagen corporal juega un papel importante en la búsqueda de esta auto aceptación. El dominio de la imagen corporal es importante en la autoestima durante esta etapa. La imagen corporal que se va construyendo en la adolescencia no solo es cognitiva, sino; además, está impregnada de valoraciones subjetivas y determinadas socialmente; se producen en forma paralela al desarrollo evolutivo y cultura de la persona. Aceptación del grupo de pares, al igual que el aspecto físico, son dos elementos especialmente importantes en la adolescencia que correlacionan con la autoestima.

Los patrones estéticos de belleza como hemos estado hablando, van muy de la mano con la época en la que nos encontramos. Actualmente en el mundo occidental el concepto de belleza está constituido por un cuerpo delgado, denominado "tubular". Esto conlleva a una presión social significativa en la población en general y, especialmente, para la o el adolescente quien se encuentra en esta etapa. De tal manera, ser delgado o delgada tiene un impacto positivo. Cuando se asume la delgadez como valor altamente positivo, como modelo corporal por imitar, como criterio de evaluación estética del propio cuerpo, el ser delgado significa triunfo, éxito, control sobre sí mismo.

Enfocándonos en el problema por lograr un modelo de belleza socialmente determinado en la época actual, el cuerpo, a lo largo de la historia ha quedado sometido a diferentes tipos de castigos, como dominación, obediencia y humillación; sin embargo, actualmente, la modernización de la tecnología ha llevado a quedarse castigado por un agente externo al propio cuerpo. Con todo lo anterior hablado, podemos adentrarnos a lo que nos han metido en la cabeza la mercadotecnia y estoy segura que también tú como lector eres víctima inconscientemente, lo comúnmente conocido como "salud es belleza" y detrás de esto entramos de lleno a la medicina estética.

La medicina estética no forma parte de una necesidad básica, la cual la hace verdaderamente un arma de dos filos. Promovido entre el mundo del marketing, estereotipos, situaciones psicológicas de inseguridad, aceptación, personalidad, la industria de la medicina estética está ganando terreno en la economía mundial. Pero quizá algunos se preguntarán ¿por qué entonces es medicina? Cuando podemos llamarlo de otra forma más acorde, sin involucrar algo tan noble.

Cómo definición estricta, medicina "es el conjunto de conocimientos y técnicas aplicados a la predicción, prevención, diagnóstico y tratamiento de las enfermedades humanas y en su caso, a la rehabilitación de las secuelas que puedan producir". Actualmente, México ocupa el tercer lugar seguido de EUA y Brasil en el uso de estos procedimientos, por ejemplo, la mamoplastia (aumento del volumen de senos) bichectomía (extracción de las bolsas de Bichat, "el cachete", liposucción, lipoescultura, aumento de glúteo son los procedimientos con mayor demanda y por ende los más realizados. Un sin fin de intervenciones que pudiésemos mencionar las cuales no son consideradas como enfermedades físicas; ni vida ni la homeostasis del cuerpo dependen de ello, pero quizá existe de fondo una enfermedad psicológica como trastornos dismórficos, estados de *depresión-ansiosa*, baja autoestima (por mencionar algunos), que no son tratados de fondo enfocando nos sólo en la demanda y ganancia que deja realizar estos procedimientos. Esto conlleva a otra pregunta ¿Entonces sería lucrar con la necesidad de auto aceptación de la gente? Las mujeres cuentan con un valor altamente agregado y socialmente aceptado la mujer es juzgada despiadadamente sobre su apariencia, su seducción, su juventud y no encuentra salvación más allá.

Es común escuchar entre nosotros decir "No existen mujeres feas, sino mal arregladas" o me atrevo a decir "pobres" de lo que se desprende, que la apariencia depende del poder económico que se tenga. La belleza es una re- producción de la industria cultural que predispone al consumismo de objetos, según el status social. Por ejemplo, para las mujeres de clase media, la belleza, les permite la homogamia, o en algunos casos la hipergamia social, es decir, la belleza coadyuva a mantener el mismo status o acceder a un nivel social superior. Difícilmente veremos a una mujer bella yendo por el metro a horas pico en donde atraerá miradas de la gente que la rodea a inclusive ser víctima de acoso. Lourdes una mujer de 25 años platica:

"yo tomé una cita con el doctor, que me había recomendado mi tía, en el que ella se había operado. Me hice unos implantes mamarios, después mis senos comenzaron a descender muy rápido. Tuve que volverme a hacer los senos, después de eso me hice la liposucción. Pero el problema fue a partir del momento donde uno decide hacerse una cirugía estética, deseas hacerte otra y otra. Arreglarte hasta el mínimo defecto que veas a tal punto que te transformas y pierdes tu identidad. Te haces la nariz, los labios, la mínima arruga, de todo. Los hombres en la calle te miran diferente por los grandes senos. Y reconozco que me costó acostumbrarme a esto, adaptarme a este cambio. Antes se me acercaban en la calle, pero no de manera grosera como hoy."

La demanda de este tipo de procedimientos que se llegan a realizar por médicos no certificados o capacitados y los cuales se toman el derecho de cobrar lo que ellos consideran prudente sin ni siquiera tener una valoración completa previa. En los últimos años, ha aumentado el interés por la medicina estética y con ello, el aumento de los centros estéticos sin el respaldo de un especialista certificado en el área. Dentro de los servicios que se brindan son: tratamientos con láser para quitar manchas, varices, tatuajes, aplicaciones de mesoterapia, de ácido hialurónico o de toxina botulínica, sin la garantía médica ni la certeza jurídica que respalden la calidad de la intervención o de los tratamientos utilizados. Incluso, una persona que no es médico como aquella entrenada en el campo de la fisioterapia o enfermeros pueden hacer este tipo de procedimientos.

La actitud estética puede ser definida como una forma de producción espiritual, que adquiere valor independiente, como forma especial de la relación del hombre con la realidad, mediante el conocimiento y la valoración de sus propiedades y de su transformación en una imagen sensorial en correspondencia con el ideal. Esta relativa independencia posibilita el desarrollo de las capacidades estéticas, sobre la base de la interpretación de toda la cultura universal de la sociedad. Dicha actitud es un estímulo interior que funciona como elemento integrante de la producción social, que se manifiesta con a partir de su sentido humano y sirve de criterio de valoración en correspondencia con el ideal estético. La actitud estética del hombre hacia el mundo se manifiesta como la interrelación *sujeto-objeto* en un marco sociocultural históricamente determinado. Pero ¿qué pasa cuando la persona a pesar de estar consciente de todo este fenómeno no está satisfecha con su apariencia física?

Está claro que el ser humano necesita pertenecer a una sociedad y que ésta muchas veces está regida por ciertas normas las cuales tienen un impacto psicológico. Los rasgos característicos de la apariencia física pueden generar una serie de trastornos psicológicos, por consecuencia de falta de capacidad de adaptarse a un grupo de relaciones y sentirse rechazados por el resto de las personas lo cual puede desencadenar depresión en la autoestima. Y aquí entra otro factor; la personalidad, ya que no todos recurren a intervenciones quirúrgicas para mejorar su autoestima. Hay quienes afirman que la cirugía plástica estética no tiene finalidad curativa. Es muy común dentro de alguna charla mencionar ¿te operarías algo? Y la respuesta que es muy frecuente es "Sí, quizá no en este momento, pero…"

Estamos ante la muy alta posibilidad de hacer alguna intervención por más mínima para mejorar nuestra apariencia física. Levantamiento de busto, desvanecimiento de alguna arruga, etc. Muchas veces se ha llegado al extremo de afirmar que se sale del campo de la medicina para entrar en el de la vanidad y la ilusión. En muchas ocasiones, una lesión en el rostro, una cicatriz, por ejemplo, o una nariz deforme produce al paciente serios traumatismos psicológicos que le impiden desarrollar una vida normal y feliz.

Como ya mencionamos, todo esto está estrechamente ligado a nuestra salud mental y/o personalidad, de lo contrario, tendríamos toda la necesidad de recurrir a un cirujano plástico. Pero entonces ¿qué importancia tiene la psique sobre el cuerpo? Y por lo tanto la autoimagen o autopercepción corporal y con ello nuestra autoestima. La autoestima es la actitud hacia uno mismo. La forma habitual de pensar, sentir, amar y comportarse con uno mismo. Se plantea que el autoconcepto es la parte cognitiva del yo, y la autoestima es la parte afectiva del mismo, relacionándose entre sí. La autoestima y salud mental la influencia con la que se adecua la autoestima social y personal tenía con la salud mental; ésta les permitía o les impedía a los jóvenes una mejor adaptación social y emocional. La vulnerabilidad que es una condición inherente del hombre en su existencia y marca límite en la dignidad humana.

Entonces ¿qué personas son más vulnerables para realizar este tipo de prácticas? Y sobre todo a ¿a qué costo? La vulnerabilidad es más un estado que un rasgo y más si se trata de sujetos con padecimientos mentales. Las personas con trastornos mentales son doblemente vulnerables por dos mecanismos: la "vulnerabilidad" para dar un consentimiento informado en el cual valoren en toda su extensión el riesgo al que son sometidos y en segundo lugar por su susceptibilidad a la coacción. La experiencia corporal se transforma en una identidad, el cuerpo bello es sinónimo de "poder" y del "falso control de sus vidas".

La conexión entre autoimagen y bienestar físico es un tema fundamental en el ámbito de la medicina estética y la salud integral. La autoimagen se refiere a la percepción que una persona tiene de sí misma, la cual influye no solo en su autoestima, sino también en su calidad de vida y bienestar general. Cuando una persona se siente satisfecha con su apariencia, es más probable que adopte hábitos saludables, lo que, a su vez, impacta positivamente en su salud física. Este subcapítulo explorará cómo estas dos dimensiones están interrelacionadas y su relevancia para estudiantes, médicos, pacientes y trabajadores de la salud.

El bienestar físico no se limita únicamente a la ausencia de enfermedades; también abarca aspectos como la energía, la fuerza y la capacidad funcional. La autoimagen juega un papel crucial en la motivación para mantener un estilo de vida saludable. Personas que se sienten bien consigo mismas tienden a involucrarse en actividades que promueven la salud, como el ejercicio regular y una alimentación equilibrada. Por el contrario, aquellos que luchan con una autoimagen negativa pueden caer en patrones de conducta poco saludables, como el sedentarismo o malos hábitos alimenticios, que deterioran su bienestar físico. Además, el impacto de la autoimagen en la salud mental no puede ser subestimado.

La insatisfacción con la propia apariencia puede dar lugar a problemas de ansiedad y depresión, que afectan no solo el estado emocional, sino también la salud física. Estudios han demostrado que las personas que se sienten cómodas en su piel son menos propensas a experimentar trastornos psicológicos, lo que destaca la importancia de abordar la autoimagen como parte de un enfoque holístico. Para los médicos y trabajadores de la salud, reconocer esta conexión es vital para proporcionar un tratamiento integral que no solo considere intervenciones estéticas, sino también el bienestar emocional del paciente.

La medicina estética ha evolucionado para incluir no solo procedimientos físicos, sino también estrategias que fomentan una autoimagen positiva. Las intervenciones estéticas pueden mejorar la apariencia, pero es esencial que los profesionales de la salud también se enfoquen en el impacto emocional de estos procedimientos. La comunicación efectiva entre pacientes y médicos puede facilitar un entendimiento más profundo de las expectativas del paciente, ayudando a establecer metas realistas que no solo mejoren la apariencia física, sino que también fortalezcan la autoimagen y, por ende, el bienestar general. Finalmente, la conexión entre autoimagen y bienestar físico subraya la importancia de un enfoque interdisciplinario en la atención médica. Los estudiantes y profesionales de la salud deben ser conscientes de cómo sus intervenciones pueden influir en la percepción que sus pacientes tienen de sí mismos. Al integrar la estética con la salud mental y física, se puede promover un ciclo positivo que beneficie a los pacientes en múltiples niveles. Este enfoque integral no solo mejora la calidad de vida de los pacientes, sino que también enriquece la práctica médica, creando un entorno más saludable y comprensivo para todos.

La relación entre la estética y la salud integral ha cobrado una relevancia significativa en los últimos años. La percepción de la belleza y el bienestar físico no solo se centran en la apariencia exterior, sino que también abarcan aspectos emocionales y psicológicos. En este contexto, la estética se convierte en una herramienta poderosa para promover la salud integral, ya que influye en la autoestima y la calidad de vida de las personas.

NEGOCIO DE LA MEDICINA REPRODUCTIVA

La reproducción artificial se refiere a una serie de técnicas médicas utilizadas para ayudar a las parejas que enfrentan dificultades para concebir de manera natural. Este término engloba diversos procedimientos y métodos diseñados para facilitar el embarazo, mediante la intervención en el proceso reproductivo. En términos generales, la reproducción artificial busca superar barreras biológicas y fisiológicas que pueden impedir la concepción, ofreciendo a las parejas la oportunidad de tener hijos a través de alternativas científicas y tecnológicas.

Uno de los métodos más conocidos dentro de la reproducción artificial es la inseminación artificial, que consiste en la introducción de espermatozoides en el tracto reproductivo femenino en el momento óptimo para la fertilización. Este procedimiento es particularmente útil en casos de infertilidad masculina o cuando la pareja desea evitar relaciones sexuales por razones de salud. A través de esta técnica, se maximiza la posibilidad de que el esperma alcance el óvulo, aumentando así las probabilidades de concepción. Otro procedimiento destacado es la fecundación in vitro (FIV), que consiste en la fertilización del óvulo con el esperma en un laboratorio, creando embriones que luego se transfieren al útero de la mujer. La FIV es una opción para aquellas parejas que han experimentado fallos recurrentes en la concepción o que tienen problemas más complejos relacionados con la salud reproductiva.

Este método no solo permite la selección de los embriones más viables, sino que también ofrece la posibilidad de realizar pruebas genéticas para detectar trastornos hereditarios.

La reproducción artificial también ha evolucionado con la introducción de técnicas como la donación de óvulos y espermatozoides. Estas opciones son cruciales para parejas que enfrentan problemas de fertilidad debido a la calidad o cantidad de sus gametos. La donación permite que estas parejas accedan a material genético de alta calidad, facilitando así la posibilidad de un embarazo exitoso. Además, la criopreservación de gametos y embriones se ha convertido en una práctica común, permitiendo a las parejas almacenar sus células reproductivas para su uso futuro.

En el contexto del negocio de la reproducción artificial, es fundamental que los pacientes estén bien informados sobre las diferentes opciones disponibles y los procesos involucrados. La decisión de optar por la reproducción artificial implica un compromiso emocional y financiero considerable, por lo que es esencial que las parejas se sientan apoyadas y comprendidas en cada paso del camino. La educación, la asesoría y un enfoque personalizado son claves para que los pacientes se sientan seguros y empoderados en su viaje hacia la fertilidad.

En 1790, el cirujano escocés John Hunter recogió en una jeringa caliente el semen de un comerciante con hipospadia (condición que se nombra cuando el orificio de la uretra se encuentra en la parte de abajo del pene) y lo inyectó en la vagina de su mujer, realizando la primera inseminación artificial en un ser humano en la historia. La inseminación intrauterina homóloga es un método terapéutico comúnmente utilizado desde 1957 en el tratamiento de la pareja infértil por diversas causas. En el panorama latinoamericano las posiciones para determinar el comienzo de la vida y, por tanto, a partir de qué momento es deber del Estado protegerla, han estado claramente definidas. La posición de la Iglesia católica ha sido tajante: "La vida humana ha de ser tenida como sagrada porque desde su inicio es fruto de la acción creadora de Dios y nadie en ninguna circunstancia puede atribuirse el derecho de matar de modo directo a un ser humano inocente". Esta premisa conduce a la conclusión de que la vida humana debe ser respetada y protegida de manera absoluta desde el momento de la concepción.

La Iglesia prescribe que "los derechos inalienables de la persona deben ser reconocidos y respetados no sólo por los creyentes sino también por parte de la sociedad civil y la autoridad política. Tienen una presencia política muy fuerte y dominan las políticas públicas y la legislación con la pretensión de regir la vida no sólo de sus fieles sino también de toda la población. En México, entre 4 y 5 millones de parejas sufren problemas de fertilidad y cada año se suman más, de acuerdo con información del Instituto Nacional de Estadística y Geografía, siendo el Instituto Nacional de Perinatología "Isidro Espinosa de los Reyes" uno de los pioneros en haber atendido y proporcionado abundantes tratamientos contra este procedimiento.

¿Qué es la infertilidad?

La infertilidad se define como la incapacidad de una pareja para concebir después de 12 meses de relaciones sexuales frecuentes, sin utilizar métodos de planificación familiar. Es un problema que llega a afectar a 1 de cada 6 o 10 parejas. La Organización Mundial de la Salud (OMS) reporta como causas principales de infertilidad al factor tubario, (en las trompas de Falopio) incluida la endometriosis en 42% de los casos y los trastornos ovulatorios en 33%.

Nunca antes la figura de la mujer, y sobre todo su cuerpo, alcanzó el aprecio y el reconocimiento que la historia le había negado por siglos. Como la mujer no contaba, o contaba poco, puede afirmarse que las iniciativas relacionadas con el manejo de la fertilidad fueron siempre decisiones masculinas, bajo un concepto de machismo que lamentablemente sigue vigente en pleno siglo XXI y es objeto de erradicar. Así pues, el deseo del ser humano de intervenir en los procesos de su propia generación es antiguo.

El aprecio por las mujeres en las sociedades primitivas, estuvo siempre directamente ligado a su fertilidad, a la capacidad de generar nueva vida y la amplia mortalidad infantil hacía deseable buscar medios que favorecieran la natalidad. Sin embargo, también están documentadas iniciativas en sentido contrario: limitar los nacimientos. Tema que no es el objetivo abordar, pero dejo puerta a un amplio análisis en algún futuro. El régimen demográfico cambió radicalmente: de las altas tasas de natalidad y de mortalidad se pasó a uno donde las dos tasas han bajado; ahora se cuenta con índices de fecundidad muy bajos, incluso por debajo del nivel de recambio poblacional y a la vez con una población creciente de personas mayores.

De la mal llamada explosión demográfica se pasó al invierno poblacional. Las Naciones Unidas toma como suya esa política global de reducir la fecundidad para lograr cotas crecientes de bienestar, que solo podrían ser posibles si los países del tercer mundo limitaban sus nacimientos.

¿Necesidad impuesta y no biológica?

Como podemos ver, la reproducción asistida toca diversos puntos: religiosos, psicológicos, médicos, poblacionales. Pero ¿La reproducción es una necesidad? La infertilidad y la esterilidad son patologías *sui generis* de la reproducción humana, que no solo se expresan en cambios o limitaciones fisiológicas, sino que también, y, sobre todo, dejan profundas huellas psíquicas. Es aquí donde la biotecnología pasa a constituirse en un defensor destacado de las mujeres que padecen esas lamentables situaciones. A un problema médico y fisiológico se responde con una solución tecnológica. Permear la intrusión de la biotecnología en el ámbito privado de la reproducción humana implicó un nuevo concepto de cuerpo, de mujer, de matrimonio y de familia que estuvo a cargo del feminismo y de la ideología de género.

Cuando los cónyuges en general tienen la legítima ilusión de tener hijos, al fin y al cabo, ese es uno de los fines del matrimonio, ese deseo puede truncarse cuando se tienen problemas de fertilidad o de esterilidad. Ahora el asunto parece sencillo pues la biotecnología brinda un recurso para solucionar esta situación. Sin embargo, es patente que el solo deseo de algo no lleva necesariamente implícita la posibilidad real de poder hacerlo. Además, tampoco el salto del deseo al derecho se puede dar desde la perspectiva ética: los hijos son un don, no un derecho. Por tanto, los padres no pueden exigir que la técnica les facilite tener hijos cuando fisiológicamente no pueden hacerlo: los dones se reciben, no se exigen. Percibir a los hijos como un derecho es un despropósito, que además instrumentaliza la paternidad al ponerla al servicio del propio deseo y al reducirla a la sola actividad reproductiva, sin respetar la propia dignidad de procuradores.

Los tratamientos reproductivos se promueven no solo para parejas heterosexuales sino para todo tipo de parejas; además al no fijarse límites de edad para recibir un embrión, cualquier persona podría hacerlo: las mujeres solas —lesbianas, solteras, viudas, ancianas— serían candidatas para someterse al procedimiento; pero también hombres solos que pueden alquilar un útero. Es decir, la familia se hace superflua ya que prima la voluntad de querer tener un hijo, con independencia del contexto adecuado para su crianza, maduración y desarrollo.

En Ciudad de México, dos tendencias mundiales se dejan sentir ya: el matrimonio tardío y la postergación del embarazo, las causas de la "infertilidad global". Asimismo, la actual definición de matrimonio que, a partir de 2010, permite a dos personas del mismo sexo casarse y, por ende, adoptar niños diversifica el paisaje de los parentescos. El reconocimiento de la pluralidad, junto a una creciente individualización inherente al pos modernización de la familia constituye el marco de la oferta y la demanda de reproducción médicamente asistida. Ante este incremento de la demanda de reproducción asistida, surgen clínicas especializadas y con ellas, solventar esta necesidad biotecnológica impuesta.

Un procedimiento oscila entre los 80 mil hasta 150 mil pesos mexicanos dependiendo de la edad de la mujer y factores adyacentes como estudios de laboratorio. Cómo podemos ver, la reproducción asistida toca diversos puntos: religiosos, psicológicos, médicos, poblacionales. Pero ¿La reproducción realmente es una necesidad? o solo es una necesidad impuesta. Estamos creando nuevos paradigmas, como mencionamos en párrafos anteriores, la mujer de antes era utilizada como símbolo de reproductividad impuesta por una sociedad, ahora la mujer es quien domina su cuerpo, es quien decide cómo y cuándo engendrar si es que quiere hacerlo.

Un estudio realizado en España en la Universidad de Sevilla y Salamanca menciona que el impacto psicológico de la infertilidad y su tratamiento es tan fuerte que predo- mina la depresión y falta de realización personal. Además, como recordaremos todos estos procedimientos conllevan también su riesgo, dentro de ellos el presentar abortos. Dos impactos fuertes dentro del autoconcepto y la realización de la mujer que muchas veces no son tomadas en cuenta por las instituciones, y es ahí donde es evidente que alguna de ellas piensa solo las ganancias que tendrán.

Marta de 34 años de edad, residente de los Estados Unidos, vive bajo un matrimonio heterosexual, pero sin poder concebir y nos cuenta su experiencia.

"He estado en terapia por mi problema de infertilidad. He perdido dos bebes y este último en enero de este año, el cual ha sido el más doloroso. A veces me siento triste por el hecho de solo poder imaginar que nunca voy a poder ser mamá. He acudido a terapia por iniciativa propia para poder afrontar esta situación ya que en la clínica en la cual decidió realizar el procedimiento, nunca me ofrecieron algún apoyo psicológico. Me sentí muy vulnerable ya que fue como un —recupérate y dinos cuando estés lista para volverlo a intentar— fue en ese momento que sentí que, en lugar de ver por mi salud, buscaban más mi dinero."

El aborto puede considerarse una experiencia traumática y violenta que atenta contra la integridad de la mujer. Mujeres mexicanas con vivencia de pérdidas inducidas, se reporta el impacto psicológico que esta puede generar y que implica evitación de pensamientos o sentimientos acerca del aborto, evitación de situaciones relacionadas con el mismo evento, sentimientos reprimidos, aislamiento, sensación de revivir la experiencia, ataques de angustia, recelo hacia sus hijos vivos, concentrarse, falta de energía, desinterés, llanto frecuente, conductas autodestructivas, entre otros. Para algunos autores, el alto porcentaje de trastornos mentales en mujeres que han sufrido una pérdida gestacional se relacionan con afecciones en su autoconcepto, siendo mayor en mujeres con pérdidas gestacionales que en mujeres con embarazo de alto riesgo.

Ser padre o madre significa poner en marcha un proyecto educativo significativo e introducirse en una intensa relación personal y emocional con los hijos. Con esto pongo sobre la mesa los pros y contras, desde el punto religioso, psicológico, político y social para decidir libremente la importancia que tiene para cada uno la crianza de un hijo y todo lo que ello implica.

La maternidad es un fenómeno complejo que trasciende fronteras culturales y geográficas, y su significado varía significativamente de una región a otra. En muchas sociedades, ser madre se asocia no solo con el acto biológico de dar a luz, sino también con la identidad, el estatus social y las expectativas culturales. En este sentido, las perspectivas sobre la maternidad son diversas, influenciadas por factores como la religión, la economía y la estructura familiar. Es fundamental que los estudiantes de medicina y trabajadores de la salud comprendan estas dimensiones para ofrecer una atención integral a las mujeres durante el embarazo y el posparto.

En algunas culturas, la maternidad se celebra como un rito de paso esencial. Las mujeres son valoradas por su capacidad para procrear, y el rol de madre se considera fundamental para la cohesión familiar y la continuidad generacional La salud mental también juega un papel crucial en la maternidad, y su importancia es reconocida de manera diferente en diversas culturas.

SALUD Y DINERO

La dualidad entre salud y lucro es un tema que ha cobrado relevancia en el ámbito médico, especialmente en un contexto donde las agresiones hacia los profesionales de la salud se han incrementado. Esta dualidad se manifiesta en la tensión que existe entre el deber ético de cuidar a los pacientes y la presión económica que enfrentan tanto los médicos como las instituciones de salud. En este subcapítulo, se explorará cómo esta dualidad influye en la práctica médica y en la percepción que tienen los pacientes sobre la atención que reciben.

Desde una perspectiva ética, la medicina se basa en principios de altruismo y dedicación al bienestar del paciente. Sin embargo, en muchas ocasiones, la necesidad de generar ingresos se convierte en un factor determinante en la toma de decisiones médicas. Los profesionales de la salud, al enfrentarse a un sistema que prioriza el lucro, pueden sentirse obligados a realizar procedimientos innecesarios o a optar por tratamientos más costosos que no siempre garantizan una mejor calidad de vida para el paciente. Esta situación puede desencadenar desconfianza y frustración entre los pacientes, quienes perciben que su salud está siendo subordinada a intereses económicos.

La percepción del lucro en la medicina no solo afecta la relación *médico-paciente*, sino que también tiene implicaciones en la salud pública. En un sistema donde el acceso a la atención médica está mediado por la capacidad de pago, las desigualdades se amplían. Los pacientes con menos recursos pueden ser relegados a recibir atención de menor calidad, lo que incrementa la insatisfacción y, en algunos casos, lleva a situaciones de violencia en los entornos de atención médica. Este ciclo negativo pone de manifiesto la urgencia de encontrar un equilibrio que priorice la salud sin desestimar la viabilidad económica de las instituciones de salud.

La violencia contra médicos y trabajadores de la salud frecuentemente se origina en la percepción de lucro que los pacientes asocian a sus tratamientos. Cuando los pacientes sienten que las decisiones médicas están influenciadas por consideraciones económicas, su confianza se erosiona y pueden reaccionar de manera agresiva. Este fenómeno se agrava en situaciones de crisis, donde la escasez de recursos y la alta demanda de atención pueden intensificar la frustración y el temor de los pacientes. La comunicación efectiva y la transparencia en la práctica médica son herramientas esenciales para mitigar estas tensiones y fomentar un entorno de respeto mutuo.

Para abordar la dualidad entre salud y lucro, es fundamental promover un cambio cultural en el ámbito médico que priorice la ética sobre los intereses económicos. Esto incluye la formación de los estudiantes de medicina y de los profesionales de la salud en valores que enfatizan el respeto y la dignidad del paciente. Además, es crucial que las políticas de salud pública busquen garantizar el acceso equitativo a la atención médica, evitando que el lucro se convierta en el principal motor de decisiones clínicas. Al final, la salud debe ser vista como un derecho fundamental, y no como un bien comercial, para lograr una atención médica que realmente beneficie a la sociedad en su conjunto.

Las agresiones físicas en el contexto médico son un fenómeno alarmante que afecta tanto a los profesionales de la salud como a los pacientes. Estas agresiones pueden manifestarse de diversas maneras, desde ataques verbales hasta agresiones físicas directas. En muchos casos, estas situaciones están impulsadas por la percepción de lucro en el sistema de salud, donde los pacientes, motivados por experiencias negativas o malentendidos, pueden reaccionar de manera violenta ante lo que consideran injusticias o abusos. Este subcapítulo examina cómo estas agresiones pueden afectar la calidad del cuidado médico y la salud mental de los profesionales involucrados.

La relación entre las agresiones físicas y la percepción de lucro en la medicina es compleja. Muchos profesionales de la salud enfrentan un entorno en el que se percibe que la atención médica está más orientada hacia la maximización de ganancias que hacia el bienestar del paciente. Esto puede generar desconfianza en los pacientes, quienes pueden sentir que su tratamiento es más una transacción económica que una atención médica genuina. Esta desconfianza puede llevar a situaciones de tensión que, en ocasiones, desembocan en agresiones físicas. Por lo tanto, es fundamental analizar cómo la cultura del lucro en la medicina impacta en las interacciones entre pacientes y profesionales.

Además, las agresiones físicas no solo tienen un efecto inmediato en las víctimas, sino que también pueden resultar en consecuencias a largo plazo. Los trabajadores de la salud que han sido agredidos pueden experimentar ansiedad, depresión y una disminución en su rendimiento laboral. Esto crea un ciclo perjudicial donde la calidad del cuidado médico se ve comprometida, lo que a su vez puede agravar la percepción negativa que los pacientes tienen sobre el sistema de salud. La falta de seguridad para los profesionales puede llevar a la rotación de personal, lo que afecta aún más la continuidad y calidad del cuidado.

La prevención de agresiones físicas en el ámbito médico requiere un enfoque multifacético. Es importante implementar programas de entrenamiento que ayuden a los profesionales de la salud a manejar conflictos y comunicarse efectivamente con los pacientes. Además, fomentar un ambiente de trabajo seguro y de apoyo puede reducir la incidencia de estas agresiones. La comunicación abierta entre pacientes y profesionales, así como la educación sobre el sistema de salud y sus costos, también son estrategias clave para mitigar la desconfianza y las tensiones que pueden llevar a la violencia.

El papel de las instituciones de salud es fundamental en la configuración del entorno médico y en la dinámica de las relaciones entre los profesionales de la salud, los pacientes y el sistema en su conjunto. Estas instituciones, que incluyen hospitales, clínicas y centros de atención primaria, no solo se encargan de proporcionar servicios médicos, sino que también son responsables de establecer políticas, protocolos y normativas que guían el funcionamiento del sector. En este contexto, su influencia se extiende a la manera en que se percibe el lucro en la medicina, lo que, a su vez, puede dar lugar a situaciones de agresión tanto hacia los profesionales de la salud como hacia los pacientes.

Una de las principales funciones de las instituciones de salud es garantizar el acceso a la atención médica de calidad. Sin embargo, cuando se presentan problemas como la escasez de recursos, la sobrecarga de trabajo o la falta de personal, las tensiones en el sistema pueden aumentar. Estos factores contribuyen a un ambiente en el que las agresiones son más propensas a ocurrir. Los estudiantes de medicina y los trabajadores de la salud deben estar conscientes de que estas condiciones pueden afectar no solo su bienestar, sino también la experiencia del paciente. La percepción de que el sistema prioriza el lucro sobre la atención al paciente puede intensificar las frustraciones de los profesionales y de los usuarios del sistema de salud.

Además, las instituciones de salud tienen la responsabilidad de promover una cultura de respeto y seguridad. Esto incluye la capacitación en la gestión de conflictos y la implementación de protocolos claros para abordar situaciones de agresión. La formación continua es crucial para que los profesionales de la salud puedan desarrollar habilidades que les permitan manejar interacciones difíciles con los pacientes y sus familias. La ausencia de estas estrategias puede derivar en un aumento de la violencia en el entorno médico, lo que afecta la calidad de la atención y la confianza entre pacientes y proveedores.

Por otro lado, la transparencia en la gestión financiera de las instituciones de salud también juega un papel importante en la percepción que tienen los pacientes sobre el lucro en la medicina. Cuando los pacientes sienten que las decisiones se toman en función de intereses económicos más que de su bienestar, puede surgir una desconfianza que, en algunos casos, se traduce en agresiones. Las instituciones deben esforzarse por ser claras en sus políticas y prácticas, comunicando de manera efectiva cómo se utilizan los recursos y cómo se prioriza la atención al paciente.

La influencia de los medios de comunicación en el ámbito de la salud y la medicina es un fenómeno complejo que tiene múltiples aristas. En un mundo donde la información circula a gran velocidad, los medios juegan un papel crucial en la formación de la opinión pública y en la percepción que se tiene sobre los profesionales de la salud. La cobertura mediática de casos de agresiones a médicos y personal de salud no solo refleja la realidad de un problema creciente, sino que también moldea la narrativa en torno a la relación entre la atención médica y el lucro. Esto puede afectar tanto la confianza de los pacientes en el sistema de salud como la moral de los profesionales que ejercen en este campo.

Los medios de comunicación, al informar sobre agresiones en el contexto médico, a menudo enfatizan aspectos sensacionalistas que pueden distorsionar la realidad. En lugar de centrarse en el contexto de estas agresiones, como el agotamiento del personal médico o la falta de recursos, el enfoque puede recaer en la percepción de que los médicos están más interesados en el lucro que en el bienestar de sus pacientes. Esta representación puede crear un clima de desconfianza tanto hacia los profesionales de la salud como hacia las instituciones que los respaldan, exacerbando así la tensión entre pacientes y proveedores.

Además, la narrativa mediática puede influir en las expectativas de los pacientes. La cobertura constante de escándalos relacionados con el lucro en la medicina puede llevar a los pacientes a creer que todos los médicos están motivados por intereses económicos. Esta percepción no solo afecta la relación médico-paciente, sino que también puede llevar a un aumento en los casos de agresión, ya que algunos pacientes pueden sentir que están siendo explotados. La falta de confianza resultante puede generar una resistencia a seguir recomendaciones médicas o a participar en tratamientos necesarios, complicando aún más la situación.

Es vital que los estudiantes de medicina y los profesionales de la salud comprendan cómo los medios de comunicación pueden distorsionar la realidad de su trabajo. Una comprensión crítica de esta influencia les permitirá no solo manejar mejor la percepción pública, sino también fomentar un diálogo más constructivo con sus pacientes. Al abordar de manera proactiva las preocupaciones de los pacientes y al comunicar la importancia del cuidado de la salud en términos claros y accesibles, los profesionales pueden contribuir a una narrativa más equilibrada que reconozca la complejidad de su labor sin caer en la simplificación.

Las expectativas de los pacientes en el ámbito de la salud son un componente fundamental que influye en su experiencia y satisfacción con los servicios médicos. Estas expectativas no solo se relacionan con la calidad de la atención recibida, sino también con la percepción de los costos y la posibilidad de lucro que pueden asociarse a las decisiones médicas. En este contexto, es esencial entender cómo estas expectativas pueden dar lugar a tensiones entre pacientes y profesionales de la salud, y cómo estas dinámicas pueden contribuir a situaciones de agresión en el entorno médico.

Los pacientes, al buscar atención médica, suelen llegar con un conjunto de expectativas que incluyen no solo la recuperación de su salud, sino también la empatía, la atención personalizada y la transparencia en los costos. Sin embargo, cuando estas expectativas no se cumplen, pueden surgir sentimientos de frustración y desconfianza. Esta desconfianza se agudiza en un sistema de salud donde los costos son a menudo elevados y donde los pacientes perciben que las decisiones médicas pueden estar influenciadas por intereses económicos, más que por el bienestar del paciente. Esta percepción de lucro en el ámbito médico puede llevar a que los pacientes cuestionen la integridad de los profesionales de la salud.

La relación entre la expectativa de los pacientes y la noción de lucro se manifiesta de manera más clara en situaciones donde se percibe un conflicto de intereses. Por ejemplo, en el caso de las pruebas diagnósticas y tratamientos costosos, los pacientes pueden preguntarse si estas recomendaciones son realmente necesarias o si están motivadas por la posibilidad de obtener beneficios económicos. Esta sospecha puede llevar a una mayor ansiedad y a una búsqueda activa de segundas opiniones, lo que a su vez puede generar un ambiente de desconfianza que contribuye a la hostilidad entre pacientes y médicos.

Además, en el contexto de las agresiones en el ámbito médico, es importante considerar cómo las expectativas frustradas pueden traducirse en comportamientos agresivos. Cuando los pacientes sienten que su bienestar no es la prioridad del profesional de la salud, pueden reaccionar de manera desproporcionada ante situaciones que perciben como injustas. La falta de comunicación y la percepción de que las decisiones médicas están influenciadas por el lucro pueden intensificar estas agresiones, creando un ciclo vicioso que afecta tanto a pacientes como a profesionales.

Para abordar esta problemática, es crucial que los profesionales de la salud se esfuercen por establecer una comunicación clara y abierta con sus pacientes. Explicar los procesos médicos y los costos asociados puede ayudar a mitigar las preocupaciones sobre el lucro y a alinear las expectativas del paciente con la realidad del tratamiento. Fomentar un ambiente de confianza y transparencia no solo mejora la relación médico-paciente, sino que también contribuye a la prevención de agresiones en el entorno médico, promoviendo una atención más centrada en el paciente y menos influenciada por consideraciones económicas.

Uno de los casos más destacados se ha documentado en varias ciudades de América Latina, donde los médicos han sido objeto de agresiones físicas y verbales en hospitales públicos. Estas situaciones suelen estar vinculadas a la frustración de los pacientes ante la falta de recursos, la escasez de tiempo durante las consultas y la percepción de que los profesionales de la salud están más interesados en obtener beneficios económicos que en brindar atención de calidad. Este tipo de violencia no solo afecta a los médicos, sino que también crea un ambiente tóxico que impacta negativamente en el cuidado del paciente.

Otro caso relevante se presenta en el contexto de las clínicas privadas, donde la relación entre lucro y atención médica puede generar tensiones. En algunos países, se han reportado incidentes de agresiones por parte de pacientes que sienten que han recibido un trato injusto o que no se les ha brindado la atención adecuada. La percepción de que la medicina se ha convertido en un negocio puede llevar a un descontento generalizado, donde los pacientes no solo cuestionan la ética profesional, sino que también toman acciones violentas como forma de expresar su frustración. La falta de protocolos claros para manejar situaciones de riesgo también contribuye a la problemática.

En muchos sistemas de salud, tanto públicos como privados, los trabajadores de la salud no cuentan con el apoyo necesario para enfrentar agresiones. La implementación de medidas de seguridad, así como programas de formación en manejo de conflictos, se vuelve esencial para proteger a los profesionales y garantizar un entorno seguro para los pacientes. El desarrollo de una cultura de respeto y profesionalismo es clave para mitigar estas agresiones.

En plena capital, a un cirujano lo obligaron a operar con un revólver en el estómago. El jefe de cirugía del Hospital Piñero fue amenazado para que modifique el orden de los turnos: "La lista de espera la tienes que alterar." Según Infobae (20 de octubre 2010). Otro brutal caso de agresión contra un médico. El profesional fue a una casa por un llamado de emergencia, que pedía auxilio para una mujer que tenía un paro cardíaco. La señora falleció y el marido de la hija lo golpeó y lo tiró por las escaleras.

Se han realizado estudios sobre las agresiones al personal de salud en países latinoamericanos de habla hispana que no experimentan situaciones de guerra propiamente dichas, y arrojan resultados con un 66.7% de incidentes violentos, de los cuales el 11.3% resultaron en lesiones físicas y el 73.4% ocurrieron en instituciones públicas, principalmente en el área de urgencias. La causa más frecuente en estos casos fue la insatisfacción del usuario por demoras en la atención, falta de medicamentos y resultados no satisfactorios según las expectativas de los pacientes o de las familias, que responsabilizan al personal por los hechos. En 2011 los medios de comunicación empezaron a dar cobertura a la violencia que afecta al gremio médico en México. Inicialmente se reportó que los médicos abandonaban las comunidades rurales por miedo a ser víctimas del crimen organizado. Desde 2012 cobró notoriedad la inseguridad de muchos estudiantes de medicina durante su servicio social, en particular a partir del asesinato de varios médicos en comunidades rurales. En 2014 surgió el movimiento #yosoy17, en respuesta a una demanda por negligencia médica que derivó en la detención de 16 médicos.

Esta inconformidad del gremio culminó en un paro nacional organizado por #yosoy17 en junio de 2016, que buscaba denunciar las agresiones que sufre el personal de salud, y exigir un alto a la "criminalización del acto médico". El impacto en la salud mental de los médicos es un tema crucial que ha cobrado relevancia en los últimos años, especialmente en el contexto de agresiones hacia estos profesionales. Estas agresiones, que pueden ser verbales o físicas, no solo afectan la seguridad física de los médicos, sino que también tienen consecuencias profundas en su bienestar psicológico. La presión constante, el estrés laboral y la exposición a situaciones traumáticas contribuyen a un deterioro notable de la salud mental, lo que a su vez puede influir en la calidad del cuidado brindado a los pacientes.

Uno de los factores más significativos que contribuyen a la mala salud mental entre los médicos es la percepción de lucro en la medicina. Este fenómeno se manifiesta en la creencia de que los médicos están más interesados en obtener ganancias económicas que en el bienestar de sus pacientes. Esta percepción puede generar un ambiente de desconfianza y agresión por parte de los pacientes y sus familias, lo que incrementa la carga emocional que los médicos deben manejar cotidianamente. La sensación de ser atacados por sus intenciones puede llevar a una mayor ansiedad y estrés en su práctica diaria.

Además, el agotamiento emocional es un problema que afecta a muchos profesionales de la salud. La exposición constante a la enfermedad, el sufrimiento y la muerte puede causar un desgaste que, en muchos casos, se traduce en depresión y ansiedad. Los médicos a menudo sienten que deben ser fuertes y resilientes, lo que puede dificultar su capacidad para buscar ayuda y apoyo cuando lo necesitan. Esta falta de atención a su propia salud mental no solo es perjudicial para ellos, sino que también afecta la atención que pueden ofrecer a sus pacientes.

Las agresiones también pueden provocar un efecto en cadena que se extiende más allá del individuo. Cuando un médico experimenta una agresión, el ambiente laboral se vuelve más tenso y menos colaborativo, lo que puede afectar a todo el equipo de salud. La falta de comunicación y el aumento del estrés pueden disminuir la cohesión entre colegas, lo que, a su vez, impacta negativamente en la calidad del servicio médico. Así, la salud mental de los médicos no solo es un asunto personal, sino que tiene implicaciones más amplias para la atención médica en general.

Abordar el impacto de las agresiones en la salud mental de los médicos desde una perspectiva integral. Esto incluye la implementación de programas de apoyo psicológico, la promoción de un ambiente laboral seguro y respetuoso, así como la educación de los pacientes sobre la importancia de valorar el trabajo de los profesionales de la salud. Solo a través de un enfoque colaborativo y comprensivo se podrá mitigar el efecto negativo de estas experiencias en la salud mental de los médicos y, por ende, mejorar la calidad de la atención médica.

REFLEXIONES SOBRE EL JURAMENTO HIPOCRÁTICO.

El Juramento Hipocrático es un texto fundamental en la historia de la ética médica, que data del siglo V a.C. y ha influido profundamente en la práctica de la medicina a lo largo de los siglos. Este juramento, atribuido al médico griego Hipócrates, marca un compromiso ético que los médicos asumen para guiar su conducta profesional. A lo largo de los años, su interpretación y aplicación han evolucionado, adaptándose a los cambios sociales, culturales y científicos. A pesar de que se ha discutido su relevancia en la medicina contemporánea, el Juramento Hipocrático sigue siendo un símbolo poderoso de la responsabilidad y la ética en la profesión médica.

En su esencia, el Juramento Hipocrático establece principios fundamentales que buscan proteger al paciente y promover el bienestar. Entre estos principios se encuentran la promesa de no causar daño, la obligación de mantener la confidencialidad y el compromiso de actuar siempre en el mejor interés del paciente. Estos valores son esenciales en la práctica médica y forman la base de una relación de confianza entre médico y paciente. Sin embargo, es importante señalar que, a lo largo de los siglos, la interpretación de estos principios ha sido objeto de debate y ha evolucionado para reflejar los avances en la medicina y los cambios en la sociedad.

El significado del Juramento Hipocrático trasciende su función como un simple compromiso formal. Representa una visión de la práctica médica como una vocación ética, donde el médico no solo actúa como un proveedor de servicios, sino también como un defensor del bienestar humano. Este cambio de perspectiva ha llevado a que se cuestionen algunas de las prácticas tradicionales en la medicina, así como la necesidad de revisar y actualizar el juramento para que se ajuste a los desafíos contemporáneos, como la bioética, la medicina personalizada y las nuevas tecnologías.

La abolición del Juramento Hipocrático en algunas instituciones ha generado un debate significativo entre estudiantes de medicina, médicos y otros trabajadores de la salud. Algunos argumentan que, aunque el texto original puede ser obsoleto, los principios éticos que representa son más relevantes que nunca. Otros sostienen que la falta de actualización del juramento original puede llevar a una desconexión entre los valores éticos tradicionales y las realidades de la práctica médica moderna. Este dilema subraya la importancia de un análisis crítico sobre cómo los juramentos y códigos de ética pueden evolucionar para seguir siendo pertinentes en un mundo en constante cambio.

Historia de su origen y contexto

El Juramento Hipocrático, uno de los documentos más emblemáticos de la ética médica, tiene sus raíces en la antigua Grecia, alrededor del siglo V a.C. A menudo atribuido a Hipócrates de Cos, considerado el padre de la medicina, este juramento ha perdurado a través de los siglos, adaptándose a las necesidades y valores de cada época. Su origen se sitúa en un contexto en el que la medicina comenzaba a establecerse como una práctica profesional, diferenciándose de las supersticiones y creencias místicas que predominaban en la época. Este cambio marcó el inicio de una búsqueda de conocimientos fundamentados en la observación y la experiencia, lo que sentó las bases para la ética en la práctica médica.

El contexto socio-político de la antigua Grecia también influyó en la redacción del Juramento. En una sociedad que valoraba profundamente la educación y la filosofía, la medicina emergía como una disciplina que requería no solo habilidades técnicas, sino también un compromiso moral con el bienestar de los pacientes. El juramento no solo se concebía como un compromiso personal del médico, sino que también reflejaba la responsabilidad social que este tenía hacia la comunidad. Así, el Juramento Hipocrático se convirtió en un símbolo de la ética profesional, estableciendo principios que todavía son relevantes en la actualidad.

A lo largo de los siglos, el Juramento Hipocrático ha sufrido diversas interpretaciones y adaptaciones. Durante la Edad Media, por ejemplo, su relevancia disminuyó en algunas áreas debido a la influencia de la Iglesia, que priorizaba la espiritualidad sobre la medicina. Sin embargo, con el Renacimiento y el resurgir del interés por el conocimiento clásico, el juramento fue revitalizado y se incorporó nuevamente en la formación de los médicos. Esto dio lugar a una serie de versiones y reinterpretaciones que reflejaban los cambios en la práctica médica y en la concepción del paciente como ser humano, no solo como un objeto de tratamiento.

En el siglo XX, el Juramento Hipocrático se enfrentó a nuevos desafíos. Con el avance de la tecnología médica y la aparición de dilema (Salzar Mora , 2008)s éticos contemporáneos, como la eutanasia y la manipulación genética, surgieron movimientos que cuestionaron la relevancia del juramento original. Algunos profesionales de la salud abogaron por su abolición, sugiriendo que no era suficiente para abordar las complejidades de la medicina moderna. Sin embargo, la esencia del juramento sigue presente en muchas de las versiones contemporáneas, como la Declaración de Ginebra de la Asociación Médica Mundial, que busca actualizar los principios éticos en consonancia con los avances científicos y sociales. Hoy en día, el estudio del Juramento Hipocrático y su evolución sigue siendo un tema de gran interés para estudiantes de medicina, médicos y trabajadores de la salud. Comprender su historia y contexto no solo proporciona una base sólida en ética médica, sino que también invita a reflexionar sobre el papel del médico en la sociedad actual. Al analizar cómo el juramento ha evolucionado, se pueden identificar lecciones valiosas que ayuden a enfrentar los retos éticos contemporáneos, reafirmando el compromiso hacia la salud y el bienestar de los pacientes en un mundo en constante cambio.

El Juramento Hipocrático ha sido durante siglos un pilar fundamental de la ética médica, pero su aplicabilidad en el contexto moderno ha generado intensas discusiones. Por un lado, algunos argumentan que el juramento, con sus orígenes antiguos, no se adecúa a las complejidades de la medicina contemporánea. Por otro lado, hay quienes defienden su relevancia, considerando que los principios éticos básicos que encarna siguen siendo cruciales. Este subcapítulo aborda las diferentes perspectivas en torno a su aplicabilidad y cómo estas visiones pueden influir en la formación de los futuros profesionales de la salud.

Una de las principales críticas al Juramento Hipocrático es su falta de adecuación a los avances tecnológicos y científicos actuales. En el siglo XXI, la medicina enfrenta retos que Hipócrates jamás podría haber imaginado, como la edición genética, la inteligencia artificial en diagnóstico y tratamiento, así como dilemas éticos en torno a la eutanasia y el aborto. Estos temas han suscitado la necesidad de un enfoque ético más flexible y dinámico, que se adapte a la evolución de la práctica médica, lo que ha llevado a algunos a abogar por la abolición o reformulación del juramento.

Sin embargo, la defensa del Juramento Hipocrático se basa en su capacidad para proporcionar una base ética sólida que trasciende el tiempo. Muchos profesionales de la salud sostienen que, aunque los métodos y tecnologías cambian, los principios de no maleficencia, beneficencia y justicia son universales y deben guiar la práctica médica. Este enfoque resalta la importancia de recordar las raíces de la medicina y de mantener un compromiso con la ética, incluso en un entorno en constante cambio. Para los estudiantes de medicina, el juramento puede servir como un recordatorio de la responsabilidad inherente a su futura profesión. Desde su formulación en la Antigua Grecia, este juramento ha sido considerado un pilar fundamental de la ética médica. Sin embargo, su relevancia y aplicabilidad han sido cuestionadas en diversas ocasiones, especialmente en un contexto contemporáneo que exige adaptaciones a los avances científicos y a las transformaciones sociales.

Entre las críticas más comunes al juramento hipocrático se encuentra su supuesta rigidez y su falta de adaptación a los nuevos paradigmas médicos. Algunos argumentan que las normas establecidas en el juramento, como la prohibición de la eutanasia y la necesidad de mantener la confidencialidad a toda costa, no se alinean con las realidades actuales en las que la autonomía del paciente y el derecho a decidir sobre su propio cuerpo son valores primordiales. Esta crítica ha llevado a la propuesta de versiones modernizadas del juramento que reflejen mejor los principios contemporáneos de la ética médica, como el respeto por la dignidad y la autonomía del paciente. Por otro lado, los defensores del juramento hipocrático argumentan que su esencia sigue siendo relevante en la medicina actual. Resaltan que el juramento representa un compromiso ético que trasciende el tiempo, promoviendo la integridad y la responsabilidad en la práctica médica.

Este compromiso no solo protege a los pacientes, sino que también establece un marco moral para los médicos, ayudándoles a navegar situaciones complejas y a mantener un alto estándar de cuidado. La preservación de los principios fundamentales del juramento, según sus defensores, es crucial para garantizar que la medicina no se convierta en una mera práctica técnica desprovista de valores humanos.

La evolución del juramento a lo largo de los siglos también ha sido un punto focal en este debate. Desde la versión original en griego, que enfatizaba la relación entre el médico y el paciente, hasta las adaptaciones contemporáneas que incluyen consideraciones sobre la justicia social y la equidad en el acceso a la atención médica, el juramento ha sido moldeado por los contextos históricos y culturales en los que ha sido invocado. Este proceso de evolución sugiere que, aunque las críticas son válidas, también es posible preservar el espíritu del juramento mientras se realizan ajustes que reflejen la complejidad del mundo moderno. El juramento hipocrático ha sido una piedra angular en la ética médica desde su creación hace más de dos mil años. Sin embargo, en un mundo en constante evolución, la relevancia de este compromiso ético debe ser revisitada y adaptada a las realidades contemporáneas. Este subcapítulo busca hacer un llamado a la acción tanto para estudiantes como para profesionales de la salud, instándolos a reflexionar sobre el significado del juramento y a integrarlo activamente en su práctica diaria. El futuro de la medicina depende de la capacidad de los profesionales para no solo adherirse a los principios éticos, sino también para adaptarlos a los desafíos actuales.

Los estudiantes de medicina, en su camino hacia convertirse en médicos, deben embarcarse en un proceso de autoevaluación crítico. Es fundamental que se cuestionen no solo qué significa el juramento hipocrático, sino cómo pueden aplicarlo a situaciones complejas que enfrentarán en su carrera. La educación médica no debe limitarse a la adquisición de conocimientos técnicos; debe incluir el desarrollo de una ética sólida que guíe la interacción con los pacientes y la toma de decisiones. Este compromiso con la ética comienza en el aula y debe extenderse al entorno clínico, donde cada acción puede tener un impacto significativo en la vida de una persona.

Para los médicos en ejercicio, hay una necesidad imperiosa de revitalizar su conexión con el juramento hipocrático. A menudo, la presión del sistema de salud moderno puede llevar a los profesionales a comprometer sus principios éticos en favor de la eficiencia o la productividad. Sin embargo, es esencial recordar que la medicina no es solo una ciencia, sino también una vocación. Los médicos deben ser defensores de la ética, actuando siempre en el mejor interés de sus pacientes y recordando que su papel va más allá de la simple administración de tratamientos. La reflexión constante sobre el juramento puede proporcionar un ancla moral en tiempos de incertidumbre.

Los trabajadores de la salud, incluidos enfermeros, terapeutas y otros profesionales, también desempeñan un papel crucial en este llamado a la acción. Su interacción diaria con pacientes y familias les otorga una perspectiva única sobre la importancia de la ética en la atención médica. Es vital que estos profesionales se sientan empoderados para abogar por prácticas que respeten la dignidad del paciente y promuevan una atención centrada en la persona. La colaboración interprofesional es clave; al trabajar juntos, pueden asegurar que el juramento hipocrático no solo se recite, sino que se viva en cada interacción.

Este llamado a la acción no es solo para los individuos, sino también para las instituciones que forman a estos profesionales. Las universidades y hospitales deben crear entornos que fomenten la discusión sobre la ética en la medicina, proporcionando espacios donde se puedan explorar y debatir los desafíos morales contemporáneos. Al hacerlo, se puede cultivar una nueva generación de profesionales de la salud que no solo conozcan el juramento hipocrático, sino que lo integren en su vida profesional y lo utilicen como una guía en la búsqueda de un cuidado médico más ético y humano. Este compromiso colectivo es esencial para asegurar que el juramento hipocrático no se convierta en un artefacto del pasado, sino en un pilar vibrante del futuro de la medicina.

BIBLIOGRAFÍA

Aberastury , A., & Knobel, M. (1987). *La adolescencia normal: Un enfoque psicoanalítico.* Buenos Aires: Paidós.

Acevedes , P. (s.f.). Leopoldo Riíos de la loza y su tiempo en la Construcción de la ciencia Nacional. México.

Acevedi, G., Farias, M., Astegiano, C., Fernandez, R., & Sánchez, J. (2012). Condiciones de trabajo del equipo de salud en centros de atención primaria desde la perspectiva del trabajo decente. *Argentina Salud Pública*, 15-22.

Alcántara , S., Hamui , A., Ixtla , M., & Paulo, A. (2017). Una mirada crítica sobre la noción: paciente/usuario/cliente desde la antropología en salud. *CONAMED*, 98-103.

Aparici, Á. (2015). About gender: From egalitarianism and gender post-feminism, to the model of equity in the difference. . *Educaton Sciences and Society* , 37-50.

Association, A. P. (2013). *Diagnostic and statistical manual of mental disorders* . Arlington : American Psychiatric Association .

Balen , V., & Trimbos, T. (1993). Long terminfertile couple: a study of their well-being. *Jounal of Psychosomatic Obstetric and Gynecology* , 53-60.

Barragan , C. (2020). ¿Es este "paper" chino el origen de la teoría de que el coronavirus nació en un laboratorio? *El confidencial* , 13-25.

Beltrán, R., Pardo , M., & Izquierdo , J. (2011). Impacto social de la telemedicina en la formación profesional de los estudiantes de ciencias médicas. *MEDISAN* , 15.

Berendes , S., Heywood, P., Oliver, S., & Garner, P. (2011). Quiality of private and public ambulatory health care in low and middle income contries: Systematic review of comparative studies. . *Plos Medicine* , 8.

Botao, X., & Aneiros , R. (1996). La comunicación humana y la actuación profesional la práctica clínica . *Boletin Ateneo Juan Cesar García* , 35-55.

Cardoso, M., & Zavala, M. (2017). Depresión y estrés postraumático en mujeres con pérdidas gestacionales inducidas e involuntarias . *Pensamientos Psicologicos* , 109-120.

Cervantes , A. (2018). La violencia contra trabajadores de la Salud. *Cirujía y Cirujanos* , 473-474.

Céspedes , Y., Cortés , A., & Madrigal , M. (2011). Validación de un instrumenta para medir la percepcion de la caldad de los servicios farmacéuticos del Sistema Público de Salud de Costa Rica. *Costa Rica Salud Pública*, 75-82.

Chaiz , C., Durand , I., Jolly, D., & Dureux, P. (2000). Effects of financial incentives on medical practice results from a systematic review of the literature and methodological issues. *International Journal for Quiality in Health Care*, 133-42.

Dabaghi , A., & Chavarri, A. (2012). Telemedicina en México . *Anales Médicos* , 353-357.

Davis , K. (1995). *Reshaping the female body: the dilemma of cosmetic surgery.* London : Routledge.

Dominguez , C., & Arellano , A. (2006). La salud, los negocios y el médico. *Acta médica grupo Angeles*, 217-218.

E, L. (1964). *La relación médico enfermo.* Madrid : Revista Oriente .

E, L. (1978). *Historia de la medicina* . Madrid: Morata.

Godínez, R., & Acevez , P. (2012). La regulación del medicamento industrial en México . *Revista Mexicana Ciencia Farmacológica*, 49-57.

J, C. (1998). *Introducción a la gestión de marketing en los servicios de salud.* Pamplona : Gobierno de Navarra Departamento de Salud.

J, S., & Type, A. (2018). Evolución del Juramento Hipocrático ¿qué ha cambiado y por qué? . *Revista médica de Chile*, 1498 - 1500.

Konstan , D. (2012). El concepto de la belleza en el mundo antiguio y su receptcion en Occidente. *Nova tellus* , 133 - 147.

Kristian , G., Rambaut, A., & Lipkin, W. (2020). The proximal origin of SARS-CoV-2. *Nature Medicine*, 450-452.

Le Bon , G. (2005). *Psicología de las masas.* Madrid: Morata.

Mejía , Y., Cabrera , D., & Rodriguez , M. (2013). Bases legales de la calidad en los servicios de salud. . *Rebista Cubaba Salud Pública*, 796-803.

Mendoza , H. (2001). *La reproducción humana asistida: Un análisis desde la perspectiva biojurídica.* Ciudad de México : Fontamara.

Monteagudo , J., Serrano , L., & Hernandez , C. (2005). La telemedicina ¿Ciencia o ficción? A. *Anales del Sistema Sanitario de Navarra*, 309-323.

Norabuena, A. (2013). Bases legales de la calidad en los servicios de salud. *Cubana Salud Pública*, 795-803.

Rodriguez , U., & Cambronera , G. (2004). *Farmacia e industria. La producción de los primeros medicamentos en España.* Madrid: Novatores .

Rodriguez, H. (2006). La relación médico-paciente. *Cubana de la Salud*

Pública , 32.

Salzar Mora , Z. (2008). Adolescencia e imagen corporal en la época de la delgadez . *Reflexiones* , 67 - 80.

Sevilla , H., & Sevilla , E. (2010). Panorama humanizante del médico. Interpretacion filosófica de la labor antropológica del profesional de la medicina . *Revista Médica Instituto Mexicano del Seguro Social* , 87-90.

Soto, G., Moreno , L., & Pahua, D. (2016). Panorama epidemiologico de México, principales causas de morbilidad y mortalidad. *Facultad de Medicina* , 8-22.